給

凱西・克里斯蒂

靈修著作精選

盧雲系列

尋找回家路

生命和靈命的導引

盧雲 著／劉秀怡 譯

基道出版社

▼

靈修著作精選 • 盧雲系列

尋找回家路

生命和靈性的導引

Finding My Way Home

Pathways to Life and the Spirit

作者

盧雲 Henri J.M. Nouwen

翻譯

劉秀怡

審閱

黃愈軒

執行編輯

羅慧琪

裝幀設計

胡立強

■

出版／發行

基道出版社

香港沙田火炭坳背灣街 26 號富騰工業中心 1011 室

LOGOS PUBLISHERS

Unit 1011, Fo Tan Ind. Centre, 26 Au Pui Wan St., Shatin, Hong Kong

電話：(852) 2687-0331　傳真：(852) 2687-0281

網址：http://www.logos.com.hk

承印

陽光（彩美）印刷有限公司

●

1/2004 初版

Cat. No. LP612A

ISBN-10: 962-457-246-1

ISBN-13: 978-962-457-246-9

刷次	12	11	10	9	8	7	6	5	4	
年份	2026	2025	2024	2023	2022	2021	2020	2019	2018	2017

在街上遇上流浪漢攔途討錢，我每次都會匆匆走過，而亨利(編按：即盧雲)卻總是放停腳步。他不單會從口袋中掏錢給那人，而且通常都會花時間跟那人談話，問一些問題，聆聽那人的故事。目睹兄弟的苦況，不會令亨利因此而抗拒對方；對於那些露宿街頭、怪形怪相的人，亨利更是沒有絲毫怯意。亨利反倒會被他們每一個人的故事所觸動，而在接下來的那段日子中，他更常常會在聖餐中一一提起他們的名字，記念他們。我已習慣了社會上一貫視若無睹的反應，我再也「看不見」這些無家可歸的人。亨利卻會放停腳步。亨利覺得自己跟那些無家可歸的人很相似，因為他深深意識到自己是多麼的渴想「回家」。

本書名叫《尋找回家路——生命和靈命的導引》，亨利在書中談到現代人所共有的無家的感覺，又談到我們的共同渴望：渴望真真正正「在家」的經驗。書中有三篇文章：〈權能之路〉、〈和平之路〉和〈等候之路〉，是由十字路出版社（Crossroad Publishing Company）於一九九五年首次出版的，另外還結集了一篇未曾出版過的文章〈生死之路〉。

我記得我第一次讀〈權能之路〉時十分感動。亨利以他獨有的風格，採用三個重點分述的方式；但這一次他用了同一個分題兩遍，卻描述了同一個字眼非常不同的兩種內涵！*在以「權力」作分題的部分中，他勾畫出經濟和政治權力的破壞性本質，而誤用宗教權力卻是糟糕，更具破壞力。這實在叫人刺痛。第二個分題是「無能」，他討論了另一個極端，描述神如何在耶穌裏選擇降下塵世，藉此邀請我們與神建立親密的關係。然後亨利又選擇以「權能」作為第三個分題，

* 譯註：盧雲在原文第一和第三個分題都用了power一字，但譯者按內容把第一個power譯作權力，而後一個power譯作權能，故中文版看不出這兩個詞的相關。

他以高超的技巧向我們揭示神的能力就是愛的能力；這能力使我們為著神的國度而生出創意、領導能力和主動創新的能力。這「權能」，跟耶穌在八福中的自述相連，我們也可以擁有和運用這能力。在屬靈的歸途上，我們的軟弱正是我們的能力。

在〈和平之路〉中，亨利與我們分享他從亞當身上學得的智慧；亞當是亨利在方舟團體黎明之家的朋友和導師。亨利與亞當在一起的時候，經歷到一些前所未有的事情；這經歷驅使亨利去尋找亞當的和平的源頭。亨利不單被亞當觸動，更看見從亞當的內心有和平溢出，注入亞當身邊各人的內心。亞當是個非比尋常的老師，叫亨利印象深刻的是：亞當單單的存在，亞當跟別人同在而不需運用言語，亞當的同在是植根於關係更甚於思想，亞當不懼怕與別人互相依賴——這一切都美麗得叫人驚訝。亞當是亨利安靜的導師，他能帶領我們進入和平的深泉。

〈等候之路〉揭露了我們文化中對「未知」的懼怕，我們都渴想儘量掌握一切。這跟耶穌基督出生的事迹形成對比。撒迦利亞和以利沙伯一直期望、也一直在等候得到一個兒子，神卻要他們等到老年才可如願以償。耶穌的母親馬利亞和住在聖殿中的西面都選擇了等候，等候神的應許完滿地啟示出來。亨利把我們一切的等候都看作是等候神，卻也啟迪我們思想：神也正在等候我們。等候對於亨利而言並非痛苦或者被動的經驗，卻是一個機會，可以感受到全然的活潑和主動性。只要活在當下，一起等候而不是獨個兒等候，並將我們的願望轉化為盼望，我們就能學懂「在盼望中耐心等候」。

〈生死之路〉乃取材自亨利在芝加哥舉行的國家天主教愛滋病會議 (National Catholic HIV/AIDS Conference) 中的演講，並他在《交叉點》(*Crosspoint*) 雜誌中的一次訪問。當我將資料整理時，我很詫異，亨利是如此迫切地呼召我們相信並接受我們是蒙神所愛的兒女的真正身分。他不斷重複說，耶穌聽見並相信自己在洗禮時那聲音向祂所說的話：「祢是我的愛子，我喜悅祢。」亨利勸勉我們要在內心聆聽同樣的話，好使我們知道並接受生命的真相，因為身為神的兒女而活在世上，跟單單活在世上是不同的。亨利溫和地引導讀者，要讀者渴慕豐盛更甚於渴慕成功，因為豐盛是超越成功的，是超越軟弱和卑微的，甚至超越死亡本身。

〈生死之路〉並非由亨利親自執筆書寫的，而我身為編輯，必須承認我運用了一定的自主性，務求使文章更加連貫。過程中我閱讀了亨利所寫的其他資料，也引用了其中一些。我相信這篇文章確能表達亨利心中所想的話。

《尋找回家路——生命和靈命的導引》是針對屬靈旅程的一個啟迪。本書指出那些權勢會引誘我們一生無止境地、徒勞無功地追求自我，也提供了一些實際的選擇，幫助我們走在有意義和忠心的路上。讀這書將可讓人經歷亨利所說的：「在回家路上找到了家」。

遺稿管理人

蘇．莫斯特勒（Sue Mosteller）

盧雲文字中心(Henri Nouwen Literary Centre)

方舟團體黎明之家

二〇〇〇年八月

鳴謝

此書是十字路出版社格溫德琳．赫特(Gwendolin Herder)的構思。她認為，與其只得〈權能之路〉、〈和平之路〉和〈等候之路〉這些獨立小冊子，倒不如重新修訂書稿，把它們結集成一冊有關「生命和靈命的導引」的書。這數篇文章結集後互相補足，成為一本前後連貫的靈修作品。我很感激格溫德琳這個富有創意的建議。

添姆．鍾思(Tim Jones)到盧雲文字中心來，本是要為他個人的研究搜集資料；但當我告訴他需要一些未經發表的新材料，好多寫一條「屬靈之路」後，他就開始為我搜羅了！他不單找來一些很好的材料，更就這「路」可以怎樣補充其他的「路」而給了我一些意見。我深深感謝他所作的工和他的熱心。

凱西．克里斯蒂(Kathy Christie)是亨利生前最後四年的行政助理。她有極大的愛心和高超的技巧，把亨利的生活和出版事務等各方面都妥善管理；亨利的突然逝世，叫她甚為震驚。但是她沒有因為亨利的過身而鬆懈，她依舊回到自己的辦公桌，致電大家，安慰大家，聆聽大家的故事。亨利過身之後，她邀請我加入她的辦公室，我們一起成立了盧雲文字中心。此書稿送到出版社之時，我們剛好同工了四個年頭，這些日子甚是美妙，且果實纍纍。凱西幫我預備此書，她不單把材料打字和重新打字，更審閱我的修訂，給我提出有洞見和有用的意見。凱西是一個活生生的模範，她曉得自己想要甚麼，帶著憐憫走生命之路。她的愛、支持、所作的工和關心都非常寶貴。

現在負責管理盧雲文字中心的莫琳．萊特 (Maureen Wright)，也為此書的書稿打字和重新打字。我整理材料編寫〈生死之路〉期間，她也曾就我所採取的進路給了許多關鍵的意見。我深深感激她所作的工和支持。

十字路出版社的保羅·麥馬漢（Paul McMahon）與我一起負責此書的出版。我們的磋商給了我很大的支持。當我無法如期完工，他也很好，容讓我押後交稿。

我由衷感激每一個人，特別是亨利，他的文章給了我許多啟迪。

蘇·莫斯特勒

目錄

前言

我最近從多倫多回來。在那裏，我到了烈治文山(Richmond Hill)，在方舟團體(L'Arche)的黎明之家(Daybreak Community)過了美妙的六天；盧雲生前最後十年正是住在這裏。這次探訪給了我許多啟迪！

從多倫多返回紐約的旅程卻叫人非常無奈；拉瓜第亞機場(LaGuardia Airport)不准飛機前往紐約。許多航班因此延誤，數以百計的乘客被迫滯留。幸好我們能登上一班飛機到紐華克(Newark)去，那裏的航空交通沒有那麼擠；但這整段經歷還是叫人相當無奈。那晚我兜兜轉轉的「尋找回家路」，耗時不少；就是要去加利福尼亞州也早飛到了。

在《尋找回家路》中，盧雲用了相當與眾不同的方法寫「旅程」：

屬靈的旅程呼喚我們透過祈禱、敬拜、屬靈閱讀、屬靈教導，透過關愛服事窮人，透過好朋友，尋找這位充滿愛的永活神。讓我們握緊「我們是蒙神所愛的」這真理，敞開心靈，接受神向我們傾注湧流不息的愛。

聽起來很是簡單！我們這段旅程的目的，就是要去發掘完美的愛，而這份愛只有神才能賜下。

但我們如何能忠於這旅程？在屬靈旅程上所要感受到的無奈，跟我在多倫多機場所感受到的大概不會有太大不同。我們在屬靈旅程上遇上路障應該怎麼辦？如果等候使我們變得焦慮和忿怒，又該怎麼辦？盧雲寫道：「……等候是一片乾旱的沙漠，把我們所在之處和我們想在之處分開。」他鼓勵我們從兩方面來思想等候：等候神和神的等候。我們大多數人會多從前者思想，但當我們愈來愈意識到神原來正在等候我們，正渴望我們回到祂那裏之時，就會發現在等候之中原來有最深的愛——神的愛。

亨利・盧雲是我旅途上的良伴，也是世上無數的人的良伴。但對盧雲而言——對我們而言也是這樣——耶穌才是最大的指導者：「我們想要以神的眼光來看自己所經歷的破碎、限制、創傷和軟弱。我們期望以耶穌教導的方法來看待這一切，盼望這種眼界能讓我們開出一條平安的路，走好我們在地上的旅程。」但誠如盧雲所說，八福所描寫的是耶穌自己，卻不能用來描寫我們大部分的人！

盧雲那一套向下降卑的神學，在現今的社會中肯定不會盛行，因為我們的價值往往建基於我們是否成功，是否受歡迎，是否具有影響力。假如你跟一個參加奧林匹克運動會的選手說，得不到任何獎牌的選手跟金牌選手其實是同樣出色的，你猜他會有何反應！但在《尋找回家路》這書中，我們可以找到以下這一段：「你贏得獎項的同時，準知道有人失敗了。但神的心腸並不是這樣的。如果神在心目中揀選了你，你也會看見其他人被選上。」

盧雲提醒我們，人生在世的時間非常短促；但早在我們出生以先，神已經愛我們，而在我們死後，祂也會繼續愛我們。盧雲寫道：「這短暫的生命讓我有機會接受愛、讓愛深化、在愛中成長，以及付出愛。」在《尋找回家路》中，我們發現神的「權能」跟屬世的成功無關，但卻關乎愛的果效，關乎「愛的轉化能力」。當我們加深認識愛的能力時，我們就可以在自由中成長，擺脱懼怕。我們這最後一程的回家之旅，彷彿變成了一段「出埃及」之旅；通過這段旅程，「我們要離開這個世界，為要與神完全契合」。

亨利．盧雲四年前走完了他這最後一程的回家之旅，留下豐富的遺產。他這一生都將眼目和心靈對準耶穌，而且像耶穌那樣忠心地、熱情地、坦誠地生活，也藉著死亡使自己的生命結出豐碩的果實。倘若我們也想要「尋找回家路」，這本出色的書必能啟發我們，引導我們帶著信心走上同樣的路。

亨利．盧雲中心（Henri Nouwen Society）主席

溫迪．格里普（Wendy Wilson Greer）

紐約市

二〇〇〇年九月

第一章

權能之路

N7
62
N1
53
N2
N3
56

我坐在飛機上，俯視大地遼闊的風景——河流、湖泊、羣山——又看見許多迂迴的道路和細小的村落，散佈地上；我希奇人們為何難以和平共處。太空人自太空船遠眺蔚藍的地球，被它的美麗所迷倒；叫太空人難以相信的是，在地球上生活的人竟會容讓戰爭和彼此剝削等事情不斷發生，摧毀他們自己的家園，互相廝殺。

距離有時能幫助我們把人類的景況看得更清晰，也讓我們可以提出一些甚為關鍵的好問題！

讓我們從遠處觀看自己的世界吧；我不是指乘坐飛機或者太空船那種物質上的距離，而是指信仰上屬靈的距離。讓我們用神的眼光，從上頭觀看我們自己，觀看我們的人性。耶穌常常從上頭察看人類的景況，還試圖教導我們學效祂那樣察看。「我是從上頭來的，」

祂說：「我也盼望你們能從上頭得著重生，這樣你們就能用新的眼光察看。」

神學就是關於這事了：以神的眼光看現實世界。世界上實在有許多東西可看：天、地，日、月、星辰，女人、男人、孩子，不同的大陸、國家、市鎮，還有無數發生在過去、現在和未來的特別事件。正因為此，我們才會有五花百門的「神學」。聖經幫助我們以神的眼光去看各種各類的受造物，藉此辨明生活的方向。

權能之路其實是有關軟弱的神學。我們想要以神的眼光來看自己所經歷的破碎、限制、創傷和軟弱。我們期望以耶穌教導的方法來看待這一切，盼望這種眼界能讓我們開出一條平安的路，走好我們在地上的旅程。我會集中討論三個字眼：「權力」、「無能」和「權能」。首先我想探討那壓制的和毀壞的權力。然後我想說明怎樣可以藉著「無能」消除「權力」。最後我要宣告甚麼才是使人自由、復和、得醫治的真正「權能」。

權力

I. 神看見我們的世界，祂必定會哭。祂必定會哭，因為人的心靈已經陷入貪圖權力的網羅之中，已經腐敗了。我們在新聞上，甚至於在我們的家庭中、我們自己身上所看見的，不是感謝，而是怨恨；不是寬恕，而是報復；不是醫治，而是傷害；不是憐憫，而是爭競；不是合作，而是粗暴；不是愛，而是極大的恐懼。

當神看見我們這個美麗的星球，看見戰場上躺著千千萬萬具殘缺不全的屍體，看見孤苦無依的小孩子流連在大都市的大街小巷上，看見犯人被關在監牢的鐵窗和厚牆之內，看見患了精神病的男女困在大醫院的病房中虛度光陰，看見數以千百萬計的人因為飢餓和缺乏照料而死之時，神必會哭。神一定會哭，因為祂知道我們存心要掌管自己的命運，操控別人，反將痛苦煎熬加諸己身。

我們若用神的眼光察看四周，察看自己

的內心，不難看見到處充斥著對權力的欲望。為何塞爾維亞人(Serbs)和伊斯蘭教徒(Moslems)會互相廝殺？為何更正教徒和天主教徒會彼此投擲炸彈？為何做總統的會被謀殺、做首相的會被綁架？為何政治領袖要自殺？

讓我們細看自己的內心吧。我們豈不是時常在意別人是否注意我們、欣賞我們、報答我們嗎？我們豈不是常常拿自己跟身邊的人相比，總在問我們是比較優勝還是比較差？是比較強還是比較弱？是比較快還是比較慢？我們豈不是自小學開始，就經歷到身邊大部分的人都是競爭對手，與我們爭取成功，爭取影響力，爭取別人的愛戴？我們豈不是都對自己的身分缺乏安全感，以致我們會捉緊任何權力，對，是形形色色的權力，讓自己稍為可以掌握自己的身分，自己所作的事，和自己的方向？

我們若願意用神的眼光看待事物，不久就會發現，在波斯尼亞、南非、愛爾蘭或者洛杉磯所發生的事，其實與發生在我們內心之中的事相差無幾。我們自身的安全一旦受到威脅，就會立即抓緊身邊的棍子和手槍，並說，**我們自身**的生死存亡是最重要的——儘管其他千千萬萬的人已經活不成了。

我知道甚麼是我的棍子和手槍！——有時是一個比我更有影響力的朋友，有時是金錢或是學位，有時是一些別人所沒有的小天分，有時是一種專門的知識，或者是一段埋藏深處的記憶，甚至是一個冷眼……於是我會毫不猶豫，迅速抓緊它們，因為我需要繼續控制局面。我還沒有把一切弄個明白以前，卻已把朋友推到一旁，甚至已在過程中傷害了他們。

神看著我們，哭了，因為每當我們利用權力來建立我們對自己的意識，我們就把自己與神、與其他人隔絕了；我們的生命變成了「**鬼魔的**」(diabolic)，按照這個詞的本義，就是「**分裂的**」(divisive)。

II. 但比行駛經濟權力和政治權力更為糟糕的，是行駛宗教權力。當神看著我們的世界，祂不單必定會哭，也必會發怒——祂忿怒，因為在我們當中有不少向神禱告、讚美神、呼求神說「主啊！主啊！」的人，卻竟也被權力所腐化了。神在忿怒中說：「因為這百姓親近我，用嘴唇尊敬我，心卻遠離我；他們敬畏我，不過是領受人的吩咐。」(賽二十九13)

那最狡詐、最招致分裂，也最能傷人的能力，就是用在事奉神的能力。「曾經受宗教傷害」的人數之多，叫我大為詫異。這些傷害可能是教牧人員一句不友善或審判的話，教會對某種生活模式的批判和指責，被拒與別人一同坐席，在患病或去世期間得不到關懷，還有無數其他的傷害，而此等傷害往往比其他世俗化的拒絕，更長久地留在人心上。教會中許許多多分了手和離了婚的男女，無數的同性戀者，和所有無家可歸的人，他們在敬拜的殿中感到不被人類大家庭的弟兄姊妹所接納，都離開神去了；因為他們在期望得到愛和關懷時，卻經驗到別人向他們施加權力。

只要我們想一想十字軍、集體屠殺、種族隔離政策，以至於歷世歷代、至今仍未止息的各種宗教戰爭，就可以清楚知道，神子民手中的權力，到底可以造成多大的毀滅。更教人難以接受的是，當世的許多宗教運動，會成為理想的溫牀，讓人類的大悲劇日後再度重演。

在這些日子裏，經濟和政治都不穩定，其中一樣最大的試探是：利用我們的信仰，向別人施加權力，以人的誡命取代神的誡命。

我們不難理解，何以會有這麼多的人，只要遇上任何跟宗教扯上關係的事物——不管這關係多麼模糊——便會心生反感，轉身離開。如果利用權力來宣傳好消息的話，好消息很快便會變成壞消息，而且是非常壞的消息。我也相信，神會因此而忿怒。

但神不單會帶著哀傷和忿怒來察看我們的世界；神的憐憫遠比其哀傷和忿怒為大。就如詩人說：「他〔神〕的怒氣不過是轉眼之間。」(詩三十5) 憐憫為懷的神，選擇以無能——神自己的無能——去卸除邪惡的權力。

無能

I. 對於那掌管世界，摧毀人類和他們所居之地這屬乎鬼魔的能力，神從前怎樣回應？現在又怎樣回應？答案是個深邃的、全然的奧祕，因為神選擇以「無能」作為回應。神選擇以完全的軟弱，走進人類的歷史中；而神這個選擇，成為了基督教信仰的中心。透過拿撒勒人耶穌，無能的神在我們中間顯現，揭開權力的假象，卸除了掌管世界的黑暗之王的武裝，並叫分散的民族結合成新的整體。神藉著完全且絕對的無能，向我們展示祂的憐憫。神這徹底的選擇，就是選擇將權能完全拋棄，藉此彰顯榮耀、美麗、真理、和平、喜樂，以及——最重要的——愛。我們要掌握神的這個奧祕，實在非常困難——就算不是毫無可能的話。我們不斷向「全能和大力的神」禱告。但在向我們彰顯神的那一位身上卻欠缺全能和大力，就是說「人看見了我，就是看見了父」的那一位。如果我們真的想愛神，我們就要看看那個拿撒勒人，祂的生命被軟弱包裹著；祂的軟弱卻給我們開了一條路，通往神的心。

有權力的人不容易主動與人建立親密的關係。我們都害怕有權力的人。他們有能力控制我們，強迫我們做不願意做的事情。我們尊敬有權力的人，他們擁有我們所缺欠的，他們隨心所欲地，或給予我們，或拒絕我們。我們妒忌有能力的人，因為我們所不能去的地方、所不能做的事情，他們都能去、能做。但神的權能卻完全相反。神不想我們害怕、抽離、妒忌。神想我們接近祂，非常的近，近得足以讓我們在祂的隱密處休息，正如小孩在母親的懷裏一樣。

於是神成為一個小嬰孩。誰會害怕一個小嬰孩呢？一個小小的嬰孩完全要依賴父母、保姆，或照料他的人。是的，神想變得這樣無能，以至祂若沒有多人幫助的話，甚至會不能吃、不能喝、不能走路或說話、不能玩耍、不能工作。是的，神變得要倚賴人才能長大，才能住在我們中間，宣揚福音。實在是這樣的，神選擇成為如此的無能，就連祂要在我們中間實現祂自己的使命，也得完全倚靠我們了。我們怎會害怕抱在懷內輕搖的嬰孩？我們怎會尊敬如此幼小脆弱的嬰兒？嬰兒總是以笑回應我們的溫柔，我們又怎會妒忌他呢？這就是道成肉身的奧祕。神成為人，與其他人並無分別，為的是要以完全的軟弱打破權力的圍牆。這就是耶穌的故事。

這故事是怎樣完結的呢？就在那十字架上，同樣是那個人，赤裸地被懸掛在其上，有釘子穿過祂的手和腳。馬槽的無能成了十字架的無能。人們嘲弄祂，譏笑祂，吐唾沫在祂的臉上，高喊：「他救了別人，不能救自己。他是以色列的王，現在可以從十字架上下來，我們就信他。」（太二十七42）祂被懸在十字架上，身體被鑲上鉛塊的鞭子打得皮開肉裂；朋友的拒絕和敵人的辱罵，叫祂心碎；祂的意志被痛苦消磨，祂的靈因遭到遺棄而被黑暗遮蔽——完全的軟弱，完全的無能。神就是選擇以這種方式向我們彰顯祂的愛，將我們帶回充滿憐憫的懷抱中，並叫我們相信忿怒已在無盡的慈愛中融化了。

II. 但神在拿撒勒人耶穌身上所彰顯的無能，還有更多值得討論的地方。祂不單出生時無能，死亡時無能，就連生命——似乎相當奇怪——也是無能的。

神那無能的兒子耶穌，是在無能中蒙福的。耶穌在拿撒勒隱居了一段很長的日子，然後開始傳道工作；祂首先向我們描述了祂自己。祂說：「貧窮的人有福了」。耶穌是貧窮的，掌握不了甚麼，只是社會上的一個小人物。拿撒勒還能出甚麼好的嗎？

祂說：「溫柔的人有福了！」祂不折斷壓傷的蘆葦，還時常關心微小的人。

祂說：「哀慟的人有福了！」當祂的朋友去世，當祂預見自己所愛的耶路撒冷將要被毀，祂都沒有隱藏自己的悲傷，卻讓眼淚直流。

祂說：「飢渴慕義的人有福了！」耶穌為

了保護飢餓的人、垂死的人、患痲瘋的人，毫不遲疑地批評不公義的事情。

祂說：「憐憫人的人有福了！」耶穌不常嚷著要報復，卻常常四處醫治人。

祂說：「清心的人有福了！」耶穌常常專注在真有必要的事上，不會容許雜亂的事分散自己的注意力。

祂說：「使人和睦的人有福了！」耶穌並不強調人與人的差異，卻使人修好，如同家中的兄弟姊妹一樣。

祂說：「受逼迫的人有福了！」耶穌不期望成功，也不期望人家的愛戴，卻知道遭人拒絕和遺棄會叫祂受苦。

八福給我們看見了耶穌的自畫像。它所描述的就是無能的神。當我們看著病人、囚犯、難民、孤單的人、遭受性侵犯的人、愛滋病人、垂死的人之時，眼中所見的，也就如八福所描述的那樣。藉著他們的無能，我們大家蒙召成為兄弟姊妹。藉著他們的無能，我們大家蒙召要深化我們的友誼和愛。藉著他們的無能，我們大家被挑戰，要放下武器，彼此寬恕，締造和平。也是藉著他們的無能，讓我們時常記起耶穌的話：「愚蠢的人哪，豈不知必須先受苦，這才可以進入榮耀麼？」誠然，神的無能以及人類的無能（神也曾成為人），已變成了一扇門，領人通往充滿了愛的家中。

權能

I. 我們的世界被鬼魔的權勢所統治，這些權勢帶來了分裂和毀壞。藉著無能的耶穌，神解除了這些權勢。可是，這個奧祕將一個非常艱深的新問題擺在我們面前：我們活在世上，應如何為無能的神作見證，如何建立愛與和平的國度？

既是無能，是否意味我們註定要被這個渴求權力的社會所欺凌？是否意味柔和、被動、恭順就是好——經常要容讓黑暗的權勢操控我們的生命？是否意味經濟上的弱點，組織上的弱點，肉體上和情緒上的弱點，如今都忽然變成美德？這又是否意味那些做事馬虎的人，如今可以吹噓他們的缺欠，視之為值得感恩的祝福？我們讀到保羅說：「我〔神〕的能力是在人的軟弱上顯得完全」(林後十二9)，那麼我們是否應該有這樣的想法：我們所面對的其實是一個弱者，他以個人的自卑作為傳講福音的論據？

我們在此觸及了其中一個最危險的陷阱：軟弱神學(theology of weakness)。如果我們必須接受軟弱的奴役，才能擺脫世上權勢的奴役，那末，留在撒但那邊似乎要比留在神那邊好得多了。如果「軟弱神學」變成了「弱者神學」(theology of weaklings)，那麼這樣的神學倒變成了不稱職、卑躬屈膝、自我輕視、事事不濟的最佳藉口了。

這可不僅僅是理論而已。屢見不鮮的是，把經濟、智力、屬靈等方面的軟弱，詮釋為神聖的特權；屢見不鮮的是，延遲接受適切的醫學或心理治療，甚或索性不接受，因為堅信為神受苦比不受苦好；屢見不鮮的是，為了未來而仔細地計劃，落力籌募資金，有智慧地策劃籌謀，會被認為是對「無能」這個偉大的理想欠缺信心，惹來側目。屢見不鮮的是，患病的人、貧窮的人、殘障的人，不管承受甚麼痛苦，會被人以浪漫化的眼光，看作是神特別眷愛的孩子，卻不施以援手，好使他們擺脫痛苦的命運。

尼采（Nietzche）對軟弱神學的批評相當恰當。於他而言，這套神學是要使貧窮人繼續貧窮，讓宗教建制內的統治者可以藉此確保「虔誠的信眾」繼續恭順。是的，有些高舉無能的、軟弱的、微小的靈程觀可以是極之危險的，假如落在那些自以為是奉神之名說話行事的人手裏，更尤其危險。耶穌這樣說他們：「他們把難擔的重擔捆起來，擱在人的肩上，但自己一個指頭也不肯動。」（太二十三4）

軟弱神學向我們發出挑戰，要求我們不以軟弱等同於世俗的軟弱；世俗的軟弱叫我們被社會和教會內之權勢所操控。卻要我們把軟弱視為完全的、無條件的倚靠神，讓我們真正成為流通著祂的能力的管子，醫治人的傷口，更新世界的面貌。軟弱神學具有能力，就是神的能力，也是那能把一切都轉化的愛的能力。

其實，軟弱神學所展示的，是神為著世人糾纏在權力遊戲中而哭泣，也為著那些所謂宗教人士貪婪地利用同樣的權力遊戲而忿怒。其實，軟弱神學所展示的，是神如何完全無能地走進歷史中，揭露出世界和教會之權力遊戲的真貌。但軟弱神學最終是要讓我們知道，神會將祂的權能賜予人類，叫我們能在地上充滿自信地昂首前行。

II. 神是滿有大能的。耶穌並沒有避談神的能力。祂說：「我實在告訴你們，站在這裏的，有人在沒嘗死味以前，必要看見神的國大有能力臨到。」(可九1) 耶穌無論走到哪裏去，也能叫人經歷神的大能。路加寫道：「眾人都想要摸他；因為有能力從他身上發出來，醫好了他們。」(路六19) 當那患了十二年血漏病的女人伸手摸耶穌的衣裳縫子時，她相信耶穌會治好她，耶穌就說：「總有人摸我，因我覺得有能力從我身上出去。」(路八46) 耶穌充滿了神的能力。耶穌宣告自己有赦罪的權柄、醫治的能力、復活的權柄，是的，祂擁有一切的權柄和能力。祂向朋友的臨別贈言也充滿了這樣的信念。祂說：「天上地下所有的權柄都賜給我了。所以，你們要去，使萬民作我的門徒」(太二十八12～19) 。

宣稱擁有能力，就得著能力。在無能的耶穌裏面，藉著祂，神要賜我們能力，把耶穌曾擁有的能力賜給我們，並差我們出去——趕鬼、治病、叫死人復活、使疏遠的復和、造就羣體，建立神的國。

軟弱神學就是有關「神賜下能力」的神學。這神學的對象不是弱者，而是那些確信自己擁有愛的能力的男女；這愛的能力使他們擺脱恐懼，使他們能夠把自己的光放在燈台上，作神國的工。

是的，我們都是貧窮的、溫柔的、哀慟的、飢渴慕義的、憐憫人的、清心的、使人和睦的，而且常被這敵視我們的世界迫害。我們卻不是弱者，也不是被欺淩的人！天國是我們的，這世界是我們的產業。我們得安慰，得飽足，經歷慈愛，被認作神的兒女，還有……得以看見神。這就是權能，真正的權能，從上頭而來的權能。

我們的召命是從靠賴力量得著能力，轉化為靠賴無能得著權能。我們是恐懼的、憂慮的、缺乏安全感的和受傷的人，不時被引誘要從周遭世界中抓住小小的能力，或左或右，不管何地、何時。這一丁點兒的權力使我們變成小木偶，被人拉上扯下，直到我們死去。但只要我們放膽在無能中受洗，經常親近那些缺乏這種能力的貧窮人，我們就必會投入神那有無窮慈愛的心靈中。我們可以帶著神的能力——就是耶穌到世上來的時候所帶著的能力——自由地重返我們的世界。我們有能力走過黑暗和流淚的山谷，不斷與神相交，得以昂首，自信地站在我們生命的十字架之下。

正是這權能在我們的社羣當中興起一些領袖，都是敢於冒險、主動創新的男女。正是這權能叫我們在與政府或教會機構的交涉上，能夠不單是馴良如鴿子，卻更能靈巧像蛇。又正是這權能使我們能夠毫不猶豫地向有經濟能力的人坦率直言，討論分享金錢的事；能夠呼召男男女女徹底地事奉；能夠挑戰人長期委身，服務人羣；也能夠隨時隨地地宣講福音。這是神的力量，使我們成聖——無畏無懼——能叫一切更新。

結語

我們怎樣才能不斷遠離「導致分裂的權力」，轉向「帶來合一的權能」；遠離「破壞的權力」，轉向「醫治的權能」；遠離「使人癱瘓的權力」，轉向「使人得力的權能」？

容我提出三項選擇，這些操練全都能幫助我們用神的眼光，從上頭察看我們的人性、我們個人的生命。

第一項操練，是要常常將我們的關注焦點，投向我們身邊、世上的貧窮人。我們要問自己：「等待我們伸出援手的人在哪裏？」形形色色的貧乏，無論是肉體的、心智的和情緒的，都沒有減少過。相反，我們周遭、到處都是貧窮人，從來沒有這樣的多。隨著黑暗的權勢變得愈來愈殘酷，醜惡的意圖表露無遺，貧窮人的哭泣聲也愈來愈響亮，他們的困苦也愈來愈清晰可見。我們既然渴慕和平，必須努力繼續聆聽，繼續觀察。面對這些痛苦的景象，我們絕對不可逃避了事。

第二項操練就是信任神會供應我們所需，讓我們可以真切關懷祂交付我們的貧窮人。我們應該相信，當我們在經濟上、情緒上和肉身上需要支持的時候，就必會如願，而且不會多，不會少。我深信我們都願意用金錢、時間和才幹幫助人，但卻往往害怕陷入伴隨著貧乏而出現的混亂景況；但除非我們敢於冒險，否則我們依舊會癱瘓無力。如果我們堅持某些底線不會受到影響，才有所行動，那麼就不會有任何刺激的事情發生了。但如果我們願意因為神有所吩咐而大膽冒一些險，那麼，有許多扇門將要在我們面前開啟，而在過去我們甚至不知道有這些門的存在。

第三項操練是最難的：就是要因喜樂，而非因苦難而驚訝。我們年老的時候，要伸出手來，被人引導、帶領到不願意去的地方。彼得的遭遇，同樣會發生在我們身上。我們前頭將會有患難，可能是極大的患難，甚至會誘使我們以為自己是選錯了路，以為別人都比我們更精明。可是，不要因痛苦而驚訝；要因喜樂而驚訝。要為小花而驚訝，因這小花在荒漠中顯出美態；要為醫治的大能而驚訝，因這大能像活水清泉，自我們的痛苦深處源源湧出。

這樣，我們既有關注貧窮人的眼睛，有深信自己會得著所需的心，有常常會因著喜樂而驚訝的靈，我們便能發揮真正的權能，走過死蔭的幽谷，施行奇迹，也為奇迹作見證。神的權能會成為我們的權能；無論我們往何處去，與誰相會，這權能都會從我們身上流出。

讓我用約翰和珊迪的小故事來總結。約翰和珊迪都是十分單純的人。我們中間總有不少約翰和珊迪。一天，約翰跟珊迪說：「我們從來沒有爭辯，不如模仿其他人那樣試試爭辯吧。」珊迪問道：「但應該怎樣開始爭辯呢？」約翰回答：「那很簡單，我拿起一塊磚，說：『這是我的。』然後你說：『不，那是我的。』這樣我們就會爭辯了。」於是他們坐下來，約翰拿起了一塊磚頭，說：「這塊磚是我的。」珊迪溫和地望著約翰，說：「哦，如果那是你的，你便拿去吧。」最終他們都無法爭辯起來。*

只要我們緊握著磚塊，爭論磚塊到底屬於你還是屬於我，這小小的權力遊戲逐漸會

* 改編自沙漠教父的故事。

擴大成為更大的權力遊戲，而這更大的權力遊戲會導致憎恨、暴力和戰爭。若從地上的角度來察看我們自己的生命，恐懼和缺乏安全感會促使我們盡力抓緊磚塊。但當我們敢於放手，捨棄磚塊，將手伸向那一位，就是我們真正的避難所、真正的保障，我們的貧乏就會開放我們，好得著從上而來的能力、醫治的能力，這能力方可為我們和我們的世界帶來真正的祝福。

第二章
和平之路

N6
N7
N1
53
N2
N3
56

怎樣寫「和平」(peace)呢？在過去幾年中，我的生命有許多改變，叫我喪失了不少自信。數年前的我好像比較容易站在眾人面前，給一些建議，教他們怎樣作和平的人。那時的我很容易就可以這樣做，而且深信自己有一些重要的話要說。

可是，當我預備這篇文章時，卻經歷一種深沉的內在虛空，感覺到語言的無力，甚至對於要就和平、使人和睦、或是和平的屬靈操練等課題說點甚麼有意義的話，也感到很沮喪。我很想乾脆不幹下去，因為我的貧乏似乎使我癱瘓。

但我抗拒這些感覺，決意與你分享我的不足；我相信神不想我逃避自己的不足，也不想我向你隱藏這不足。過去我常說，造就和平的三個核心是禱告、抗衡和羣體；我仍然相信這是真的，但如今我卻質疑說這些事或寫這些事的價值，因為我懷疑這些概念是否真能如言辭所表達那樣產生果效。我不再如以往般肯定了。我不再肯定言辭真能幫助我們成為神所呼召我們要成為的人。

我要怎麼繼續下去呢？我苦苦思索這問題以後，想先說一個有關我現時的生活的小故事，然後嘗試就耶穌的和平的各個方面——正是我們努力尋索、想要發現的——指出我個人的看法。

幾年前，我從哈佛大學遷居到黎明之家，換言之，我是從一所最卓越、最有前途的院校，進到一個智障人士居住的羣體裏。黎明之家鄰近多倫多，隸屬於一個名叫方舟(L'Arche)的國際性羣體。在方舟裏，智障人士和他們的助理本著八福的精神共同生活。我與六位智障人士和另外三位助理，同住一所房子。助理都沒有接受過服務智障人士的特別訓練，但我們得到鎮上醫生、精神科醫生、行為管理專家、社工和物理治療師強大的支援。

沒有危急問題的日子，我們儼如一家人般生活，逐漸忘記誰有智障，誰沒有智障。我們就是約翰(John)、比爾(Bill)、特雷弗(Trevor)、雷蒙德(Raymond)、亞當(Adam)、露斯(Rose)、史蒂夫(Steve)、珍(Jan)、拿俄米(Naomi)，和亨利（譯註：即盧雲）。我們都有自己的恩賜，自己的掙扎，自己的強處和軟弱。我們一起吃喝，一起玩耍，一起祈禱，一起外出。我們在工作、吃喝、看電影等方面都各有所好；屋裏人之間的相處——不論有沒有智障——也各有困難。我們經常笑，也經常哭，有時候我們又笑又哭。

每當我在早上說：「雷蒙德，早安！」他總是怒氣沖沖地回應：「我還未醒過來。每天早上都向每一個人說早安是不切實際的！」去年平安夜，特雷弗用錫紙包著棉花糖送給各人，祝大家平安，而在聖誕晚筵上，他卻爬上椅子，舉起玻璃杯，說：「各位先生女士，這不是甚麼慶祝活動，這可是聖誕節呀！」

曾經有某人在用電話的時候，被在旁抽煙的助理噴出來的煙打擾了，這人就抬起頭請求說：「不要抽煙！我聽不清楚啊。」每當有客人來吃晚飯，一到達後，比爾總是會問他說：「喂，告訴我，甚麼是『懸掛著的火雞』？」待客人直認不懂之後，比爾就會張大嘴巴笑道：「我明天才告訴你。」然後他便放聲大笑，於是，客人無論覺得這笑話有趣與否，都得與他一起笑。

這裏是方舟；這裏是黎明之家；這裏有我朝夕相對的十位家人。這家就只有這些可憐人，他們的生命如何能展現出基督的和平，也就是我們一直在尋索的和平呢？讓我告訴你亞當的故事。他是我們這十人家庭裏的一分子。讓他成為和平的無聲代言人——這和平可不屬於這個世界。

我以往從來未服事過智障人士。我不僅擔心，更害怕進入這個陌生的世界。當我被邀請負責照顧亞當的時候，這恐懼並沒有減退。我第一次見亞當的時候，並沒察覺到他的美麗和深度；我只一眼看出，他是我們這個小家庭中最軟弱的一位成員。他今年二十五歲，不會説話，不會自己梳洗更衣，不會走路；沒人幫助的話，甚至不會進食。他不哭，也不笑，只是偶爾才與人有眼神接觸。他的背不十分直，動作有時好像扭曲了似的。他有嚴重的癲癇症；儘管接受了大量的藥物治療，他還是差不多天天都「癲癇大發作」。有時他會忽然全身僵硬，痛苦地呻吟。有好幾次，我還見到他臉上滑下大滴淚珠。我通常花一個半小時來喚醒亞當、餵他吃藥、帶他去浴室、替他脱衣服、淋浴、刮鬍子、刷牙、穿衣服，然後帶他到廚房去，給他早餐吃，把他放上輪椅，帶他參與「日間活動」——他大部分時間都在做治療運動、休息，或者喝咖啡。

假如他在進行這一連串的活動期間癲癇發作，所需的時間就要更多；他通常要回去睡覺，以恢復癲癇發作期間損耗的體力。

我告訴你這些事不是要給你一份護理報告，而是要與你分享我自己的事。我這樣子服事亞當一個月後，遇上了一些從未遇過的事情。這位奇妙又獨特的年青人，在許多外人一眼看來是個嚴重智障的人、是一個負累、是照顧他的人的重擔——然而，他開始成為我最親密的同伴。

隨著我逐漸不再懼怕犯錯、不再懼怕傷害亞當，隨著我對於處理他日常起居的事愈來愈輕鬆熟習，我內心慢慢長出了愛來。與亞當一起的時間充滿溫柔和慈愛，相比之下，我許多其他的日常事務就顯得格外沉悶和膚淺。我起初看見的是他那殘缺的身軀和智障的腦袋，但如今，我卻看見一個最美麗的人；他送給我一份很大的禮物，大得我根本無法能送他更好的。我實在難以用言辭講出如何真正認識亞當；但不知怎地，亞當慢慢地向我揭示了他是誰、我是誰、以及我們可以怎樣相愛。

我將亞當赤裸的身軀放進浴缸內，然後大力撥水，讓水沖洗他的胸膛和頸項，又揉他的鼻子，告訴他各樣有關他和有關我的故事。就在這時候，我知道兩個朋友的溝通已經超脫了思想或感情。深處和深處說話，靈和靈說話，心和心說話。我開始經驗愛的親密，這種親密不是建基於共同的知識或感受，乃是建基於共同的人性。我愈跟亞當共處，就愈認定他是我溫柔的老師。他所教的，並不能從書本、課堂、或教授那裏學到。

我是否把事情浪漫化了？是否把完全不美的看作美？是否把我潛藏心裏要當父親的需要，投射在一個嚴重智障的人身上？我是否把本質上不健康的狀況靈意化了？結合我知性上和心理上的知識，我能夠提出這些問題。而我最近真的提出了這些問題，當我正執筆寫這個故事的時候，亞當的父母剛好到訪。我問他們：「請告訴我，這些年來，你們跟亞當在家裏，他給了你們甚麼？」他的父親笑笑，毫不猶豫地說：「他帶給我們和平……叫我們和睦……他是我們的和平之子。」

那麼，就讓我寫亞當的和平吧！這真是世界無法給予的和平。我有幸能夠為無言的亞當述說他的和平，我很感動。他那和平的恩賜隱藏在徹底的軟弱中，這恩賜不屬於這世界，但肯定是為了這世界而有的。

要亞當的恩賜被確認，便得有人把它高舉起來，傳開去，且要有人接受它。這也許是協助智障人士的人最深層的使命，這使命就是要幫助他們分享他們的恩賜，並幫助別人確認和接受他們的恩賜。

亞當獨有的恩賜——和平，植根於他的「**同在**」裏，植根於他的「**心靈**」內，這恩賜更往往造成「**羣體**」。讓我們從這三方面進一步探討亞當的和平。

植根於他的同在裏

首先，亞當的和平是植根於他的**同在**裏。亞當甚麼也做不來。他無時無刻都要完全倚賴別人。單單**與我們同在**就是他的恩賜。每個傍晚我都跑回家替亞當「辦」那些例行事務，即協助他吃晚飯、扶他上牀睡覺，此時我發現我所能為亞當做的最好的事，就是單單「與他一起」。我真的相信如果亞當想要些甚麼，那只會是我與他「在一起」。再無別的。我驚訝這竟會成為我最大的喜樂：注意著他呼吸、飲食、小心翼翼地走路，看著他怎樣嘗試用湯匙把食物送進口裏，或是看著他如何微微抬起左臂，使我比較容易替他脫下襯衣。我發現自己常在懷疑亞當是否還有一些不能表達、卻想得到解脫的痛楚。我就在這裏，與我的朋友在一起。亞當教導我的道理是如此簡單，但實踐卻是何等的難啊！「同在」比「作工」更為重要。

我在過去的大半生，都本著一個信念過活，以為自己的價值在於我所作的事。我在小學、中學到大學一直順利渡過。我獲得不同的學位和獎項，建立了自己的事業。是的，我跟其他許多人一樣，奮發向上，攀到孤獨的頂尖，擁有一點點成就，一點點名氣和一點點權力。

但當我坐在呼吸緩慢而深沉的亞當身旁，我開始看見自己過去所走過的路是多麼的粗暴。在這條往上爬的路上，充塞了要比別人強的欲望，對抗和爭競處處可見，路上還瀰漫著強迫與執著，懷疑、妒忌、怨恨和報復的時刻不時出現。當時我以為自己正在推動「事工」。所謂「公義與和平的事工」，「饒恕與復和的事工」，「醫治與整全的事工」，但我所說的話和我實際的經歷確實存在著差異。這些經歷叫我捫心自問：「如果我為和平作工的同時，卻如同那些愛好爭鬥的人一樣，總被成功、名氣和權力所吸引，那我與他們到底有甚麼分別？」或問：「如果我所努力締造的和平，在這個世界上竟和戰爭沒有太大差異的話，又或者，如果我們這些想要使人和睦的人，竟然也在彼此踐踏著對方最深層的價值時，我們還有甚麼別的選擇呢？」

亞當以他的沉默不斷告訴我：「和平的重點不在於『做』；首要的是，和平是存在的藝術。」我知道亞當所言是對的，因為經過四個多月跟他共處之後，我發現自己心靈深處開始有一種「在家」的感覺，這是我從前不曾感受過的。我甚至有前所未有的渴望，想大大減少「作工」，而要大大增加「存在」，尤其喜歡與亞當在一起。

我為亞當蓋好被子和毛氈、關上燈，就跟他一起禱告。他總是很安靜，彷彿曉得我祈禱的聲音跟我平日說話的聲音會有些微分別。我在他耳邊低說：「願所有的天使都保護你。」他躺在枕頭上看我，彷彿懂得我跟他所說的話。自從我跟亞當一起禱告後，我也更加明白祈禱是甚麼了。祈禱就是與耶穌同在，純粹花時間與耶穌一起。亞當在在教導我這道理。

植根於他的心靈內

這幾個世紀以來，由於種種原因，我們相信人之所以為人是在於我們會思想。就是不熟悉拉丁文的人，也會曉得塞內加（Seneca）把人類定義為有理智的動物：*rationale animal est homo*。即是說，對我們的文化和社會而言，

「真正的和平在於心靈」這句話實在激進，似乎只有一些像亞當那樣脆弱、那樣有恩賜的人才有能力傳揚出這道理！亞當的和平不單植根於他的同在，也植根於他的心靈。

亞當不斷再三地清楚地向我揭示，我們之所以為人的基礎不是我們的理智，而是我們的心靈；縱然「思考」使我們在一切受造物之中具有獨特的身分，但首要的並不是思考能力，而是愛的能力。第一次看見亞當的人，只以為他是個有智障的人，其實並沒有看見一個神聖的奧祕——亞當完全能夠接受愛和付出愛。他是完全的人，不是一點點的人，不是半個人，不是差不多是個人，卻是完完全全的人，因為亞當完全是用心而活的。而他的心正正是按照著神的形像和樣式做的。若非如此，我又怎可告訴你亞當和我彼此相愛？我怎能單單因為與他同在一起，就經驗到新生？我怎能相信放下過去的教鞭，轉而與亞當在一起，以他為我的老師，竟是真正向前邁步呢？我現在所說的都是非常、非常真實的事情。這是關於一個隱藏著的奧祕：我們作為人的真正身分，最重要的是心靈。

我想說明，我所說的「心靈」不是指人類的情感中心，那是與人類的思想中心——頭腦 (mind) ——大不相同。不，我所說的「心靈」，是指我們人的中心，就是神來住在我們中間之處，神就在那裏將祂信、望、愛的恩賜賜給我們。頭腦嘗試理解事情，掌握問題，辨識現實的各個方面，探究生命的奧祕。心靈則讓我們進入一些關係，經歷到我們是神和地上雙親的兒女，彼此作為兄弟姊妹。早在我們的頭腦還未能發揮其潛力以先，我們的心靈已開始發展人倫間的互信。事實上，我深信早在我們還未出生之先，這互相信靠的人際關係已然存在。

我們在此觸及了屬靈生命的源頭。有時候我們會以為，屬靈生命要等到生理、情感和智力各方面都發展完全後才會在最後出現。但自從我與亞當一起生活以來，又反思自己與他共處的經驗後，我發現神那「愛的靈」

在我們未曾懂得走路、感覺或說話以先，早已經觸摸著我們。屬靈生命在我們成孕的一刻已經賜給我們了。這是神賜給我們的愛的恩賜，它構成我們的屬靈生命，使人能夠向其他人展現出一種比自己本人更偉大的同在。

我說我深信亞當能夠付出愛和接受愛，而且在我們之間有真正的交流，我可不是輕看他有嚴重的智障缺陷，從心理學方面說些天真的言論。我是說，在我們之間有一份愛，是超越思想和感情的，正正因為這愛是植根於神首先的愛（first love）；這愛先於人一切的愛。亞當的奧祕在於他的心智和身體都有嚴重的破碎；人一切的驕傲，亞當都沒有。亞當成了合神心意的中介，神就把祂首先的愛灌注於亞當的內心。或者這會幫助你明白，亞當何以能讓我就神對於貧窮人和受壓者的愛有了全新的理解。亞當讓我從一個嶄新的角度來看那個耳熟能詳的說法：窮人擁有「優先選擇」。

從亞當破碎的心溢出的和平並不屬於這世界。這不是政治分析的結論，不是圓桌辯論的結論，不是洞悉時代記號的後果，也不是精心設計的策略的後果。這些頭腦中的思想在締造和平的複雜過程中當然有其可取之處，但這些思想若不是用來造就屬神的和平，就是從那些常被稱為靈裏貧窮的人的心裏流出的和平——便很容易被誤用，成為另一種製造戰爭的方法。

造成羣體

亞當的和平植根於同在，更甚於作工，植根於心靈，更甚於頭腦；而亞當這和平的第三樣而且最確切的特質是：這和平常常能夠造成「羣體」。我在方舟生活中所積累下來的最深領悟是，智障人士招聚我們走在一起、成為一家人，而智障程度最嚴重的人，更是把我們維繫在一起的真正重心。亞當在他完全的脆弱中招聚我們一起在他身旁。他徹底翻轉了我對羣體的形成的看法。在我們中間，最軟弱的人才真正是協助我們的人。

我們來自不同的國家——巴西、美國、加拿大、荷蘭——而我們的委身也各有不同。有些人會住一段比較長的時間，但大多數人只會住一兩年便離開。在我們的羣體生活中，比較接近中心的人有雷蒙德、比爾、約翰和特雷弗，雖然他們相對較為獨立，但也不能完全照顧自己，仍要倚賴別人的許多幫助和照顧。他們永遠都會是這個家的一分子。他們一生都會與我們一起，不斷呼喚我們陪伴他們。他呼喚我們要真誠。因著他們和他們的軟弱，我們必須尋求合一，因此，衝突往往不會維持很久，若遇上張力，我們都會直接説出來；分歧總是能夠解決的。露斯和亞當是我們羣體的中心，他倆都是嚴重智障的，很需要別人，而亞當更是兩人之中比較軟弱的一個。

亞當是我們之中最軟弱的；但毫無疑問，他也是我們中間最強的聯繫。因著亞當，家中總會有人；因著亞當，屋裏總是有一種安靜的節奏；因著亞當，我們能有靜默和寧靜的時候；因著亞當，我們常有慈愛的、溫和的、溫柔的言語；因著亞當，我們有耐心和忍耐；因著亞當，我們都能看見歡笑和眼淚；因著亞當，總有彼此饒恕和醫治的空間……是的，因著亞當，我們中間有和平。若非如此，還有甚麼能叫一羣來自不同國籍和不同文化、有著不同性格和各樣古怪缺陷的人，不論是否智障或殘缺，能夠和平共處呢？

亞當實在召喚我們陪伴在側，又塑造我們形形色色、各不相干的人互為家人。亞當真箇是使我們和睦的人。神的方法是何等奧妙：「神卻揀選了世上愚拙的，叫有智慧的羞愧；又揀選了世上軟弱的，叫那強壯的羞愧。神也揀選了世上卑賤的，被人厭惡的，以及那無有的，為要廢掉那有的，使一切有血氣的，在神面前一個也不能自誇。」(林前一27～29) 亞當把保羅的話活生生演繹出來。他教曉我們羣體的真正奧祕。

我長大以後大部分時間均在嘗試告訴世界，我是可以靠著自己成功的；我惟一需要別人的幫助，是要他們幫助我回到孤寂的路上繼續獨行。曾經幫助我的人，其實是幫助我成為剛強、獨立、自發、有創意的人，好能在找尋個人自由的漫長旅程上得以存活。與許多其他人一樣，我想成為一個單靠自己成功的明星。而許多與我相類似的知識分子，都與我有相同的欲望。

但我們這所有受過高等教育的人今日所面對的世界，卻正瀕臨徹底毀滅。如今我們才開始疑惑要如何團結起來，造就和平！這會是怎麼樣的和平？如果要描繪一幅人像畫，但所有人都爭著要做中心人物，這幅畫怎麼能畫成？如果人只有興趣豎立高塔，有誰會願意跟這些人一同建立美好的教會？人若只想把蠟燭插在生日蛋糕上，誰能與他一起烘製生日蛋糕？我們都知道癥結所在。要是我們都想得著尊榮，成為最終成功締造和平的那一位，和平是永遠不會出現的。

亞當需要許多人，但沒有一人能吹噓甚麼。亞當的情況是永遠都不能「治癒」的。他不時的癲癇發作，彷彿顯出藥物只會叫情況更糟。沒有成功可言，我們每一個幫助他的人都只能做一點點而已。在他的生活中，我的幫助只佔了很小、很小的部分。有人為他煮食，有人為他洗衣，有人為他按摩，有人給他彈奏音樂，有人帶他散步、游泳或坐車；有人給他檢查血壓，控制用藥；有人為他保養牙齒。

亞當雖然已得到這一切的幫助，卻還是不會改變的，他老是會陷入一種完全乏力的狀態；於是他身邊出現了一個和平的羣體。肯定的是，這羣體的成員都是不願把燈放在斗底下的，因為由亞當所招聚出現的羣體，並非單單為了亞當，也是為了所有與亞當相類的人成立的。這羣體宣告神已經選擇要降臨在我們中間，成為馬糟中的嬰孩，透過其完全的軟弱和脆弱，向我們揭示神的榮耀。

亞當慢慢教我有關和平的事，這和平並不屬於這個世界。這和平不是由激烈的鬥爭、苦苦的思索、個人的明星地位所成就的，乃是植根於單單的彼此同在一起，和睦同工；這和平述說出神首先的愛，我們都因著這愛而得享安穩；這和平也不斷招聚我們這些軟弱的人組成團契，成為羣體。亞當從沒有向我說過一隻字；他永遠都不會這樣做。但我每晚扶亞當上牀後，總會向他說一聲「多謝」。藉著他，我得以靠近那位成為肉身、住在我們中間的「道」—— 人還可以比這樣更加靠近「道」麼？

我已告訴你關於亞當和他的和平的事。但你不是方舟的一分子，你並不是住在黎明之家，你不是亞當家裏的一員。可是，你像我一樣，都在尋找和平，盼望在你的心、你的家、你的世界內找到和平。但當我們環視周遭的世界，所看見的是集中營和難民營；看見擠滿人的監牢；看見被焚燒的村落，種族屠殺、綁架、虐待、謀殺；看見快要餓死的小孩、無人照顧的長者，還有無數欠缺食物、住所和工作的人。我們看見人們睡在街上，又見少年男女出賣自己供他人享樂；還看見暴力、強姦，以及數百萬沮喪的人活在惶恐和孤單之中。

看見這一切，我們明白到世界根本沒有和平。但，和平仍是我們心中最渴求的。你我也許嘗試過捐款、示威、支持國外救援工作，以及許多其他的事——但當我們年紀漸大，就要面對一個事實：我們所等待的和平還未到來。我們內裏的某些東西正深受威脅，可能會變得冷淡、苦毒、怨恨，我們被引誘要完全抽身而去，僅僅追求個人的生存，這是比較容易達致的。然而，這是魔鬼的試探。

我已將亞當和他的和平的事告訴你，好給你介紹這一位心裏溫柔的、安靜的導師，他能給你小小的亮光，指引你走過黑暗的世界。亞當不會解決任何問題。就算一直得著這所有支持，也不能把他徹底的貧乏改變過來。他長大，只會變得更加、更加、更加貧乏。小小的感染，不幸地跌一跤，癲癇發作時不小心咬住舌頭，還有許許多多其他的小意外，都有可能會使亞當忽然離開我們。他死了，也沒有人能誇甚麼。

然而，他帶給我們的是怎樣的亮光啊！我要以亞當的名義向你說：不要放棄為和平奮鬥。要常常謹記，你所要努力造就的和平根本不屬於這個世界。不要讓自己因為戰爭的喧囂聲、繪形繪聲的人間慘劇、人類某些激動人心的殘酷所為而分心。報章、電影、戰爭小說或許會使你麻木，卻不會促使你內心產生真正渴慕和平的盼望。這一切往往只會使人產生羞恥、罪疚、無能的感覺，而這些感覺是最難推動和平的工作的。

請將眼目放在和平之子身上，祂沒有緊抓住神的能力；祂不肯變石頭為食物，不肯從高處躍下，不肯用權勢統治；祂說「虛心的人、溫柔的人、哀慟的人，和飢渴慕義的人有福了，憐憫人的人、清心的人、使人和睦的人，和為義受逼迫的人有福了」(參太五3～11)。要將眼光看著這一位，看祂觸摸瘸腿的、殘廢的和瞎眼的人；看祂說出寬恕和鼓勵的話；看祂獨自受死，被棄絕，被藐視。將眼目放在祂身上，看祂怎樣與貧窮人一同貧窮，與軟弱人一同軟弱，與被棄絕的人一同被棄絕。這一位，就是耶穌，祂是一切和平的源頭。

在哪裏可以找著祂的和平呢？答案叫人驚訝，卻十分清楚：在軟弱之中。很少人能告訴我們這個真理，但和平確實可以在我們自己的軟弱之中找到，也就是我們內心感到最破碎、最缺乏安全感、最痛苦、最害怕的地方。為甚麼會在這樣的地方呢？因為在軟弱中，我們所熟悉的、一向用以控制和操控這個世界的方法通通會被剝去，我們被迫放手，不再多做事、多思考，不再單靠自己。正正就在我們這最脆弱的地方，奧妙地暗藏著那不屬於這個世界的和平。

我要以亞當的名義向你說：要擁有這許多人都還不認識的和平，要讓這和平屬於你。我說要擁有這和平，因為你內心有了這和平，就會有新的眼睛可看、新的耳朵可聽，而逐漸地，你會在最意想不到會有和平的人和地方中間，認出同樣的和平。

不久之前我曾到了洪都拉斯(Honduras)。自從我遷到黎明之家，與亞當成為朋友以來，這還是我頭一趟前往中美洲。我忽然發現，自己雖然眼看政治被操控，卻是沒有以前那麼忿怒；眼看那些明目張膽的不義，卻沒以前那麼分心；眼看洪都拉斯的未來變得如此灰暗，卻沒以前那麼癱瘓。我在靠近特古西加爾巴(Tegucigalpa)的方舟團體探望了嚴重智障的拉斐耳(Raphael)；我在他身上看見了和平，就是跟在亞當身上所看見的一樣。我也聽過不少故事，關於那些貧窮人之中最貧窮的，他們為那些過分嚴肅的助理——來自法國、比利時、美國和加拿大——帶來喜樂的恩賜。由此觀之，我更清楚知道和平是神的恩賜，往往向聰明和富有的人隱藏，卻向那些感到空虛、不善辭令和貧窮的人顯露出來。

我並非說波斯尼亞(Bosnia)、海地(Haiti)、盧旺達(Rwanda)的和平問題不再重要。一點也不！我只是說國家和國際間和平的種子其實早已不可思議地撒下了，種在我們的痛苦和貧窮人的困苦之中。而我深信，我們真的可以相信這些種子，它們會如福音書中所說的芥菜種一般，長大成樹，就連許多天上的飛鳥也可以宿在它的枝上。

如果我們繼續想像刻下是沒有和平的，繼續帶著這個想法過活，繼續以為和平的締造是全靠我們自己的話，我們必會走向自毀。但當我們相信有愛的神已將我們一直尋找的和平賜給了我們，我們必會看見這和平從人類破碎的境地中破土而出，我們也必能使它快高長大，讓它醫治我們當世的經濟和政治弊病。只要我們心裏信靠，就必能聽見這話：「使人和睦的人有福了！因為他們必承受地土。」(太五9；編按：譯文跟和合本稍有出入。)世界上所有像亞當的人將會首先承受這一切，想到此，我心就特別喜樂。

結語

是結語的時候了，不知怎的我竟感到難

以收筆，因為實在有太多未完的話，太多未吐的感受，太多未揭示的奧祕。但我必須相信，雖然它們仍舊隱藏著，你終於還是會明白的……

今日有許多人仍然活在黑夜之中，只有少數人活在白日。我們全都曉得日和夜、光和暗。這是我們打從心底所知道的；在家庭和社羣中得知的，也在世界中所知道的。世界所不能給予的和平，就是那能驅走一點黑暗的光。一點一點的和平，終將要促使那日到來！

容我嘗試用一個古老的哈西典(Hasidic)故事總結我想說的話。

拉比問他的學生：「我們如何決定哪一刻是黎明，就是黑夜結束、白日開始的時刻？」

其中一個學生答道：「是你從遠處就能分辨出那是狗還是羊的時候嗎？」

「不，」拉比答道。

另一個學生問道：「是能夠分辨出那是無花果樹還是葡萄樹的時候嗎？」

「不，」拉比答道。

「那麼，請把答案告訴我們。」眾學生說道。

「黎明是……」那睿智的老師說：「當你看得見其他人的臉，你裏面也有足夠的光讓你認出自己的兄弟或姊妹的時候。在這之前，仍是黑夜，而黑暗也依舊在我們裏面。」

讓我們祈求亮光。這和平是世界所不能給予的。

第三章

等候之路

51
52
130
33
78
20
954
954
400
400
18
18
20
187
277
240

過去數年，有一樣我覺得對生命甚為重要的事常縈繞我心頭，這就是等候的屬靈操練(spirituality of waiting)。我深思這事，思索「等候」在我們屬靈生命中的意義。

我發現可以依循兩個方向思想屬靈上的等候：**等候神**和**神的等候**。我們正在等候，神也在等候。路加福音的開首使我想到等候神，而書末數章則讓我反思神的等候。耶穌出生的故事為我們引入了五個正在等候的人——撒迦利亞、以利沙伯、馬利亞、西面、亞拿。耶穌死而復活的故事則向我們揭示那位正在等候的神。

我們等候神

在我們的個人生活之中，等候可不是太受歡迎的消遣。等候並不是我們所期待的，也不會是令人歡愉和喜悅的經歷。事實上，大部分人都認為等候是在浪費時間。這或與我們所身處的文化有關：「去！幹些事吧！證明你可以有影響力！不要光坐著呆等！」因此，對於我們許多人而言，等候是一片乾旱的沙漠，把我們所在之處和我們想在之處分開。我們並不愛這沙漠，只想離開，做一些值得做的事。

在我們過去特定的經歷中，等候就更是困難了，因為我們是如此懼怕。在我們周遭，其中一樣最普遍的情緒是懼怕。作為人，我們都會害怕——害怕那些與我們不同的人，害怕內在的或不安的感受，也害怕未知的將來。我們既如此懼怕，等候便變得艱難，因為恐懼會驅使我們離開當下的光景。如果發現自己不能逃避，我們就會起來奮抗。我們意識到許多具破壞性的行動，都是基於自己害怕受傷而作出的。

如果能從更廣的層面看——不單是個人或一羣人，而是整個社羣和國家都懼怕受傷害——我們就能更清楚理解何以等候會如此艱難，何以有所行動是如此誘人。所謂「先發制人」，這種態度正是由此而孕育出來的。那些活在恐懼中的人，比起那些不那麼害怕的人，更容易會作出帶有攻擊性、敵意和破壞性的回應。我們愈害怕，就愈難等候。「等候」之所以不為我們這許多人歡迎，正是這個原因。

令我印象深刻的是，在路加福音最初數頁中出現的人物全都在等候。撒迦利亞和以利沙伯在等候；馬利亞在等候；耶穌被帶上聖殿之時，西面和亞拿都在那裏，他們也在等候。在整個福音開首的場景中，充滿了等候的人。一開始，這些等候的人就從不同的方式聽到類似的話：「不要懼怕。我要向你報好消息。」這話顯示，撒迦利亞、以利沙伯、馬利亞、西面和亞拿都在等候一些又新又好的事要臨到他們。

讓我們細看這些人物，了解他們在等候的屬靈操練上可以教導我們甚麼。他們是誰？

他們懼怕甚麼？他們除了是蒙神所愛的人之外，豈不也可代表正在等候的以色列？詩篇充滿了這種等待。「我等候耶和華，我的心等候；我也仰望他的話。我的心等候主，勝於守夜的，等候天亮，勝於守夜的，等候天亮。以色列阿，你當仰望耶和華！因他有慈愛，有豐盛的救恩。」（詩一三〇5～7）「我的心等候耶和華」——這個反覆出現的主題，貫穿了整本希伯來聖經。

但並非所有住在以色列的人都在等候。其實我們甚至可以說，先知曾經批評以色列人——至少是一部分以色列人——指他們只全神貫注於當時將要發生的事。最後，只有以色列的餘民，只有那一小羣仍然忠心的以色列人，仍然持守著「等候」的態度。先知西番雅說：「我卻要在你中間留下困苦貧寒的民；他們必投靠我——耶和華的名。以色列所剩下的人必不作罪孽，不說謊言，口中也沒有詭詐的舌頭」（番三12～13）。在等候的，都是潔淨的餘民、忠心信靠的人。以利沙伯、撒迦利亞、馬利亞、西面、亞拿是那些餘民的代表。他們都能夠等候、專注，並活在盼望之中。

讓我們仔細察看這些男女的生命，理解他們等候的本質是甚麼，而他們又是如何地等候。讓我們投入他們的角色，嘗試發掘他們的等候跟我們的等候有甚麼相類之處，而我們又如何蒙召與他們一同等候。

等候的本質

等候，正如我們在路加福音最初數頁的人物身上所見那樣，就是帶著應許等候。「撒迦利亞，你的妻子以利沙伯要給你生一個兒子。」「馬利亞！你要懷孕生子。」「他〔西面〕得了聖靈的啟示，知道自己未死以前，必看見主所立的基督。」(路一13、31，二26) 那些在等候的人都曾分別得著應許，於是有了勇氣，這才可以等候下去。他們所得著的在他們裏面動工，就是那顆已經萌芽的種子。

這點對於我們非常重要，因為，如果我們所等候的已經開始了，我們同樣也能夠等候。等候永不會是從「無」到「有」的，往往都是從「已有的」進到「更多的」。撒迦利亞、以利沙伯、馬利亞、西面、亞拿都是活在應許之下。這應許滋養他們，餵養他們，讓他們能夠停留在原處。藉著他們的等候，應許得以逐漸顯露，並在他們裏頭、透過他們逐漸實現。

其次，他們的等候是主動的。我們大多數人都認為等候是非常被動的，是絕望的地步，因為事情已經完全不在我們的掌握之中。公車遲了？我們沒事可作，於是只能乾坐著等候。我們不難理解，當人聽見別人要他「只管等候！」時，他會感到多麼的煩厭。類似的話迫使人變得被動。

但在聖經中卻找不到這種被動。那些在等候的人都是非常主動地等候。他們曉得所等候的事會從他們所站立的基礎上生長出來。這就是我們等候的祕訣。如果等候是帶著確信的，相信種子已被栽種，相信有些東西已開始發生的話，我們等候的方法就會改變了。所謂主動的等候，表示我們完全是活在當下的，確信某些事正在我們當下的光景中發生。等候的人是活在當下的，相信當下就是事情發生的**那個**時刻。

撒迦利亞、以利沙伯、馬利亞、西面、亞拿都活在他們所身處的當下。正因如此，他們可以聽見天使說話。他們警醒、留心聽那聲音向他們說話：「不要害怕，有些事情正發生在你身上。要留心。」

等候的人是忍耐的人。「忍耐」的意思是，我們願意停留在身處的地方，在我們身處的景況中活出圓滿，相信隱藏的事終必要向我們顯明。所謂忍耐的生活，意思是要在當下過主動的生活，並在這裏等候。沒有耐性的人預期事情其實是要在別處發生的，所以想離開他們當下的景況，到另一處地方去。對他們而言，當下的時刻是虛空的。但忍耐的人卻勇於留在所身處的光景。因此，等候並不是被動的。等候滋養了一些正在裏面生長的事物。

不僅如此。等候也是沒有特定的結果的(open-ended)。我們覺得沒有特定結果的等候很難，因為我們都傾向等候一些我們渴想的事情，只是不知道我們會否得著，也不知道何時能得著而已。這樣的等候並不實在。我們的等候大多充滿了願望：「我希望我能有一份工作。我希望天氣可以好一點。我希望痛苦能夠過去。」我們滿腦子都是願望，等候就很容易跟這些願望纏結在一起。我們希望未來會朝著一個特定的方向發展，如果未能如願，我們就會失望，甚至會陷入沮喪中。如果我們得不到想要的事，生活會怎樣呢？其中一個叫我們難以等候的原因是，我們往往會做一些事，促成我們內心所想的，好達成我們的心願。如今，我們曉得自己的願望是如何跟我們的恐懼相連，而恐懼當然會使我們不願意花時間在沒有特定結果的等候上。因此，我們大多數的等候都並不容許沒有特定結果。反之，等候成了我們控制未來的手段。

但撒迦利亞、以利沙伯、馬利亞、西面和亞拿並不是充滿願望，卻是充滿盼望。他們的盼望跟我們的非常不同。他們的盼望是確信事情終將要成就，但這成就不是照著他們的心意，而是按照著神的應許。盼望往往是沒有特定結果的。

馬利亞曾對天使加百列說：「我是主的使女，情願照你的話成就在我身上。」(路一38) 試想像她話裏真正的意思。她其實是說：「我不曉得這話怎樣解釋，但我信靠神，也信任你，相信會有一些好事發生。」她的信靠是這樣的深，所以她的等候是接受有各樣的可能。她相信只要留心細聽，就能相信將要發生的事。

嘗試放下願望，轉而活在盼望中，是我生命中非常重要的事。我發現，當我選擇放下自己那些有時比較瑣碎和表面的願望，並相信我的生命在神眼中是寶貴和有意義之時，一些新事，一些想不到的事就會開始為我發生。

我們要以不平凡的態度——帶著開放和信靠等候——去看待生命。我們就是要選擇盼望，相信一些意料之外的事會為我們發生；就是要放棄掌握自己的將來，讓神為我們的生命下定義；就是要帶著確信生活，深信神必會在愛中陶造我們，溫柔地拖帶我們，帶領我們離開恐懼的源頭。

我們的屬靈生命就是等候的生命，我們主動地活在當下，期望新事臨到我們，而這些新事都是我們想像不到、意料不及的。我們都活在一個專講求「操控」的世界中，這其實是以極不平凡的立場去看待生命。

等候的操練

我們如何等候？與家人和朋友一起等候比獨個兒等候為好。一同等候比較符合人性和符合神性。這是聖經最美的段落之一，開首如下：「那時候，馬利亞起身，急忙往山地裏去，來到猶大的一座城；進了撒迦利亞的家，問以利沙伯安。」(路一39～56) 這是馬利亞得著將要懷孕生子的應許後，立時前去探訪以利沙伯的故事。馬利亞聽見應許的話以後，發生了甚麼事？她到了以利沙伯那裏。有些事正在以利沙伯身上發生，也在馬利亞身上發生。但她們怎樣活出這應許？

我發現這兩個女人的相聚十分感人，因為以利沙伯和馬利亞走在一塊，使彼此都能夠等候下去。馬利亞的到訪叫以利沙伯察覺到自己在等候甚麼。她腹裏的孩子歡喜跳動。馬利亞肯定了以利沙伯的等候。之後以利沙伯向馬利亞說：「確信主傳給她的信息必定實現的女子是多麼有福啊！」(路一45，《現代中文譯本修訂版》) 馬利亞回答說：「我心尊主為大！」(路一46) 她自己也充滿了喜樂。這兩個女人走在一起，彼此締造了等候的空間。她們彼此肯定，確知有一些值得等候的事情正在發生。

我們在此看見基督教家庭和基督徒羣體的典範。家庭和羣體是關乎支持、慶祝和肯定的，我們也是在這裏將那已在我們裏頭開始發生的事高舉。馬利亞探望以利沙伯是聖經中最美麗的表達，說明了組成羣體、一同聚集、以一個應許為聚集的中心，並彼此肯定那正在我們中間成就的事的意思。

這也正正是禱告的意義；禱告是大家為了同一個應許聚集在一起。這也正正是慶祝的意義；將已經存在的事物高舉，為此而快樂。這也是聖餐的意義；為那已被栽種的種子說「感謝」，又說：「我們正在等候主，祂已經降臨。」

家庭的全部意義，就在於互相給予空間，彼此支持，等候那些我們已曾見過的事。基督徒羣體是讓希望之火在我們當中繼續燃燒的地方，我們並且認真地看待，好使火燒得更旺更盛。這樣，我們就能勇敢地過活，相信我們但凡在一起，就會有一股屬靈的力量在我們裏頭，使我們無需降服於那些不斷引誘我們、叫我們沮喪的龐大勢力，而仍能在這個世界過活。正因如此，我們縱然看見四周都是憎恨，卻仍能勇敢地說神是充滿愛的神。正因為此，我們縱然看見四周都是死亡、破壞和痛苦，卻仍能宣稱神是生命的神。我們齊聲宣告，互相肯定，一起等候，滋養那已經開始發生的、期望它得以實現——這就是婚姻、友誼、羣體、和基督徒生命的意義。

神的話語總是以奧妙的方式臨到，而我們的等候，卻時刻都受著我們對神的話語有多麼警醒所影響。這種等候，是認定了某人希望跟我們說話。問題是：我們在家嗎？我們是否身在自己的家中，準備好應門了？我們需要一起等候，才能幫助彼此在屬靈上都「在家」，好叫「道」來到時，能在我們裏面成為肉身。正因如此，神的書往往就在那些聚集的人中間。我們讀神的話(道)，好使這道能在我們裏面成為肉身，使我們裏頭有全新的生命。

猶太作家西門．威(Simone Weil)說：「在期望中忍耐等候，是屬靈生命的根基。」論到末世，耶穌明確地談到等候的重要性。祂說，國要攻打國，也要有戰爭、地震和苦難。人必陷在痛苦中，說：「基督在那裏！不，祂在這裏！」許多人會感到困惑，也有許多人被欺騙。但耶穌說，你們必定要準備妥當，要警醒，並且專注於神的話，好叫這一切發生的時候，你們能存活；並且能在神面前，和眾人一起自信地（*con-fide*，即「帶著信靠地」）站立得住（見太二十四章）。就是這種等候的態度，使我們能夠在極度混亂的世界中生活，在靈性上也能繼續存活。

神正在等候我們

撒迦利亞、以利沙伯、馬利亞、西面、亞拿等人都在等候神，但等候不一定經常都那麼主動的。我們在耶穌的受苦和復活中，可以認出神的等候；這是等候另一個同樣深深影響我們的屬靈生命的層面。耶穌生命的終結揭示了神是一位等候的神，給我們樹立了另一種等候的範例。不過，請讓我先從一個小故事說起。

我應邀去探望一位患重病的朋友。他今年五十三歲，一生都很有活力，做了許多事，為人忠誠，而且充滿創意。實際上，他喜歡交際，甚為關懷別人，尤其是窮人。他在五十歲那年，證實患了癌症。之後的三年，他的活動能力更是每況愈下。

我到了他那裏，他對我說：「亨利，現在我臥病在牀，卻根本不知應怎樣理解自己的病。一直以來，我都是以行動、以幫助別人來衡量自己的價值的。我的生命誠然寶貴，因為我能為很多人做很多事。但突然之間，我變得被動，不能再做任何事了……請幫助我從新的角度去思想這種景況。請幫助我去理解自己如今的無能為力，而又不致於落入沮喪失望。如今，各樣的人都在為我做這做那，而我對此卻又控制無從，請幫我明白箇中的意義。」

在我們傾談之間，我發現他老在思索：「我如今還能做甚麼？」不知怎的，我的朋友學會了一套想法，以為自己的價值，完全取決於他所做的事。因此，當他生病時，他似乎將盼望放在一個念頭上：希望自己會康復，之後便可以繼續一直做他在做的事。但我也曉得，這個想法是無法實現的，因為他患的是癌症，而且情況愈來愈差。他快要死了。如果我朋友的心是繫於他仍能做多少事情，那我還可向他說甚麼話？

基於這些想法，我們一起讀了英國作家溫史敦（V. H. Vanstone）所寫的《等候的境界》（*The Stature of Waiting*）。* 溫史敦寫到耶穌在客西馬尼園的痛苦和上十字架的路。我在下文想從這本甚具影響力的書中引用一些資料，因為這書幫助了我和我朋友更加明白何謂從「行動」轉到「受苦」。

從行動到受苦

耶穌被捉拿這個故事的關鍵字眼，是我未曾仔細想過的，就是「被交給」。這正是發

* V. H. Vanstone, *The Stature of Waiting*（New York: Seabury Press, 1983）.

生在客西馬尼園的事：耶穌被交給……。一些翻譯說耶穌「被賣」，但希臘文說「被交給」。猶大把耶穌交給……（可十四10）。但值得留意的是，同一個詞不單是用於猶大，也用於神。神沒有顧惜耶穌，卻把祂交給我們，為要使我們全都得益（參羅八32）。

因此，「被交給」這個字眼在耶穌的一生中扮演核心的角色。其實，被交的那一幕把耶穌的一生徹底劃分成兩半。耶穌生命的前半部分都滿是工作。耶穌採取主動行各樣的事。祂說話；祂傳道；祂醫治；祂四處往來。但一待耶穌被交之後，祂立時成為一個任人處置的人。祂被捉拿；祂被帶去見大祭司；祂被帶到彼拉多面前；祂被人戴上荊棘冠冕；祂被釘在十字架上。祂無法控制別人加在祂身上的事。這就是受苦（passion）的意義了——接受別人的各樣行動。

我們必定要曉得當耶穌說「成了」（約十九30）時，祂並非單單指「我已作成我想作的一切事了」，祂也指「為要完成我的使命，我已讓一切需要加在我身上的事情在我身上成就了」。耶穌不單單以行動來完成使命，更以受難來完成使命。祂並非只靠履行天父差祂所作的事來完成使命，卻還容許事情行在祂身上。

受苦是一種等待——等候其他人所要做的事。耶穌上到耶路撒冷，向城裏的人宣講福音。耶穌知道自己要把選擇放在他們面前：你要作我的門徒，還是劊子手？不可以模棱兩可。耶穌上耶路撒冷，使他們身處一個處境：一是說「好」，一是說「不」。這是耶穌受難的一台戲：祂要等待人們的回應。他們會怎麼作？出賣祂抑或跟隨祂？在某個程度上，祂的痛苦並不只是挨近死亡的痛苦。這也是要被人控制的、必須等待的痛苦。這是神的痛苦，祂要倚賴我們決定祂要如何在我們中間活出神的同在。這是神的痛苦，祂以極其奧妙的方法，容許我們決定神要成為怎樣的神。我們在此瞥見了神道成肉身的奧祕。神成為人不單是要在我們中間行事，而且要接受我們對祂的回應。

一切行動都在「受苦」中結束。當我們被交給別人時，我們等候別人處置我們。這是工作的奧祕，愛的奧祕，友誼的奧祕，羣體的奧祕——這一切都包括如何接受別人的行動。這也是耶穌的愛的奧祕。耶穌受難時，也在等候我們的回應。而正正藉著這樣的等候，我們就看得清神的愛和其愛是何等的深。假如我們是因祂的命令而被迫愛耶穌、被迫回應祂的話，那麼我們就不是真愛祂了。

洞察耶穌的受難，於我和我朋友的討論中非常重要。他曉得經過多年的辛苦經營後，還要等待。他開始看清他做人的使命不單單是靠行動來成就，卻也得藉著自己的受苦難來成就。我倆一同開始領會正正是在這等候中，一些新的希望、新的和平、新的喜樂逐漸萌生了。神的榮耀向我們顯露了。

神的榮耀和我們的內在生命

復活不單是死後得生。首先，復活是在

耶穌的受難和等候中綻放的新生命。耶穌受苦的故事奧妙地顯示，儘管在受難之中，復活還是能夠突圍而出。猶大引領一羣人來到客西馬尼園。「耶穌……就出來對他們說：『你們找誰？』他們回答說：『找拿撒勒人耶穌。』耶穌說：『我就是！』……耶穌一說『我就是』，他們就退後倒在地上。他又問他們說：『你們找誰？』他們說：『找拿撒勒人耶穌。』耶穌說：『我已經告訴你們，我就是。你們若找我，就讓這些人去吧。』」(約十八4～8)

正正在耶穌要被交出受難之際，祂彰顯出自己的榮耀。「你們找誰？……我就是」，這些話正好跟從前摩西和火燒的荊棘的對話相呼應：「我是自有永有的。」(參出三1～14) 這些話是神榮耀的自顯，在場的人都倒在地上了。然後耶穌被交上。就在這「交」上的過程中，我們看見了「神把自己交給我們」的榮耀。神在耶穌身上顯出的榮耀包含了受難，也包含了復活。

耶穌說：「摩西在曠野怎樣舉蛇，人子也必照樣被舉起來，叫一切信他的都得永生。」(約三14～15）祂被舉起，如同任人處置的受害人一般，使十字架成為了遺棄的記號。祂也是在榮耀之中被舉起，使十字架同時也成為了盼望的記號。我們忽地發現，神的榮耀、神的神性是藉著耶穌的受難綻放出來的，而且正正是在祂犧牲至極之際。因此，新生命不單出現在第三日的復活之中，卻早在祂的受難中、在祂被交上的過程中已經出現。為甚麼？因為就是在耶穌的受難中，祂圓滿的愛發放出所有的光芒。這是等候的愛，這愛並不渴想要操控。當我們容讓自己完全地感受自己是如何承受別人的行動時，我們就會跟一種過去從不為意的新生命相遇。這是我和我臥病的朋友不時討論的問題。他能否在自己的受苦中嘗到新生命？他能否看見，當他在接受醫護人員的各樣行動期間，已是預備好去迎接一種更深的愛？這愛是隱藏在一切行動之下的，但他還未曾完全嘗到。於是，我們一起看見在困苦和受苦的過程中、在等待的過程中，我們已經開始經歷復活。

在我們今日的世界，有多少事我們能真正控制？我們的生命不是多有苦難嗎？我們周遭的人、事、所處身的文化，還有許多其他我們難以控制的因素，大大限制了我們採取主動的空間。只要我們察覺我們當中有多少人是受了傷的、是殘障的、是患有慢性疾病的、是年老的、或是有經濟困難的，這一層就更是清晰可見。

在社會上，我們面對一些關乎我們自身存在的決定時，愈來愈感到自己的影響力正日益減小。所以愈發重要的是，我們必須認識到，我們的「存在」有大部分都是關乎到等待，就是要接受外來的行動。耶穌的生命讓我們知道，「不加以操控」本來就是人生的一部分。祂和我們的使命得以成全，不單是通過行動的，也要藉著受苦、藉著等候。

試想像這信息對於我們和今世的人到底有多重要。如果神確實是在耶穌裏等候著我們回應祂的愛的話，那末我們將可對「如何在生命中等候」這課題找到一個全新的向度。

我們可以學習做順服的人，不會常常返到行動裏頭，卻曉得我們最深層的人性可以在承受苦難和等候之中得以成就。我深信，我們若能如此行，就必會跟神的能力和榮耀相遇，跟我們新生命的能力和榮耀相遇。我們服事他人，包括幫助他人看見這散發的榮耀——不單是在他們主動的行動中，也在他們接受別人的行動時。如此，等候的屬靈操練就不單單是我們等候神，卻也要參與神對我們的等候，這樣，我們將得以分享這最深的愛——神的愛。

第四章

生死之路

Living and Dying

240
277
354
400
400
210
277

數年前我被車撞倒，結果進了醫院。我躺在輪牀上感到很不舒服，但見身體表面沒有大傷，就以為可以回家去。當醫生為我檢查後，他很友善卻也很清楚地告訴我：「你有嚴重的內出血，也許時日無多。我們會為你動手術，但未必會成功。」

忽然間一切都改變了。死亡正正與我共處一室。那時我意識到自己也許將死了。我覺得很震驚，很多念頭在腦海中翻騰，直到我有更深的經歷。我從未有過這樣的感受；在迷惘和震驚中，我竟然可以冷靜，感到安寧，而且感到自己被神擁抱，神再次向我保證，並柔和地告訴我：「不要怕，

---

* 本文內容主要取材自兩份資料，一是一九九五年七月盧雲在芝加哥參加第八屆國家天主教愛滋病會議時所作的演講，一是他為《交叉點》雜誌所作的訪問（一九九五年秋）。

你很安全。我要帶你回家。你屬於我，我也屬於你。」

我出奇地平安；當晚手術完成後，我在深切治療病房醒過來，卻感到非常沮喪。我問自己：「我在這裏做甚麼？為何我仍然活著？」我不斷思索以往發生在我身上的事情。慢慢地，我明白這也許是我有生以來頭一趟不是以驚恐的眼光，而是以愛的眼光去思想死亡。不知怎地，就在那一瞬間，我認識了神，感到神無條件地愛我，而我也經歷到自己成了有愛的人。

我在康復期間細想整段經歷，察覺到自己的生命中還有未了的事。我依然抓住過往的一些傷害。我還未饒恕一些人，也沒有求那些我傷害過的人的饒恕。我也自知在過去的生活中，沒有理會自己會死亡這個事實，死亡彷彿跟我相隔很遠。這些反思深深地觸動我，我感到自己是得著了一份禮物，可以多活片時，好叫我的生命更加充實，也讓我為自己的死亡有更好的準備。我打從心底確信，這次經歷改變了我以後在世上應怎樣地過活。

我現在六十三歲。我正在衰老，逐漸成為老人家。步向老年，以及看著別人怎樣回應我，都叫我感到怪怪的。或許我只能多活二十年、十年、或是五年。但無論幾多年，都只是很短促的時間。在我這樣的年紀，下一個二十年轉瞬即逝。我的許多同學和家人都已離世，他們的死亡呼喚我思想自己的死亡。因著那次「意外經歷」，以及我的日漸衰老，我更常留意到自己生命中奇妙的、美麗的事，也留意到己身的限制。我彷彿得著啟迪，特別要在那將要發生的事到來以前，與死亡的現實搏鬥，並抓緊我生命中的莫大奧祕。

只有極少的人願意談論死亡，於是我便開始問：「死亡真是值得討論嗎？」我發現自己圈子的朋友多不認為死亡是值得討論的。我所認識的人對死亡或死後的豐碩生命都不感興趣。他們這樣說：「我眼見自己能做的一天比一天少，但我仍希望能夠活多幾歲。」或說：「我不想成為身邊的人的負累。」對某些人而言，想到自己需要其他人照顧，幾乎是他們無法接受的事。這是許多病人和老人的一大憂慮。

也似乎只有很少人會把死亡看為**好**事。我們的文化根本沒有這種想法，教會在這方面也沒有明顯的教導。每當教會講論死亡，通常會談論死後的事，談論天堂、地獄，或者永生。當然這些都是至關重要的事，但這正說明我們一想到死亡，就總會想到我們要往**哪裏**去，最後會到達哪裏，而如果有，那裏會有甚麼可以期盼。

耶穌眼中的死亡

讀聖經時，我很欣賞耶穌怎樣看死亡，尤其是祂自己的死亡；死亡**不僅僅**把祂從一處帶到另一處。在祂看來，祂的死亡本身能結出許多果子，並對門徒有極大的益處。死亡於祂並非結束，卻是能帶來更偉大的事。

耶穌知道自己快要死亡，祂不斷向門徒重複同一個要旨：「我的死於你們是有益的，因為在我死後，我的死必會結出許多果子。我雖死，但我必不撇下你們，卻要差我的靈，就是訓慰師、保惠師，到你們中間。我的靈必就我是誰、就我教導你們的事啟示你們。我的靈必引導你們進入真理，讓你們與我有新的關係；這關係在我未死之先是不可能有的。我的靈必讓你們結合成羣體，力量加增。」在耶穌看來，祂生命的真正果子要在祂死**後**才會成熟。故此祂再補充說：「我去是與你們有益的。」

如果這是真的，那末當我思想自己的死亡時，真正的問題可不是：我在未死之先可以成就多少事？也不是：我會否成為別人的負累？不，真正的問題是：我應該怎樣過活，好叫我的死使他人得著果子？換言之，我的死如何能成為禮物，好送給我愛的人，使他們在我死後收割我生命的果子？要解答這個問題，我首先要願意承認：我也可以像耶穌那樣看待自己的死亡。

耶穌是誰？

有一把聲音，那不可思議的聲音說：「祢是我的愛子，我喜悅祢。」那聲音在約旦河響起，耶穌聽見，並相信自己是神的愛子，蒙神喜悅。耶穌是蒙愛的，甚至能在魔鬼前活出祂蒙愛的生命。邪靈對祂說：「證明祢是蒙愛的吧，去把石頭變為餅，祢就是蒙愛的。證明祢是蒙愛的吧，去幹點矚目的事，自聖殿躍下，叫神的天使把祢救起。祢必成為新聞和電視的主角，到時所有人都能看見祢是如何了不起！證明祢是蒙愛的吧，去得著權勢和影響力，讓祢能控制環境。」但耶穌回答說：「我無需證實甚麼。我**是**蒙愛的，因為我在約旦河聽見那聲音。我知道我是蒙愛的。我曾聽見這些說話：『祢是我的愛子，祢是我的愛子。』」耶穌相信這話，也知道自己是誰。祂一生都本著自己是神的愛子而活，心中充滿神的愛。耶穌安然離世，因祂知道自己將要到神那裏，不久祂必會差遣愛的聖靈到祂的朋友中間。「我去是與你們有益的，」祂說：「我若不去，就不能差我的靈來，祂必帶領你們進到完全的合一，完全的真理，並完全的婚約中。」祂知道所愛的使徒有聖靈同在，必能活得更好，更快樂。

你是誰？

這異象不單關乎耶穌，也關乎你和我。耶穌前來與你分享祂的身分，還告訴你你是蒙神所愛的兒女。請用片刻嘗試進入神莫大的奧祕中，這奧祕就是：你跟耶穌一樣都是神所愛的兒子，或是神所愛的女兒，這是真理。再說，在你未出生之先神已愛你。在你的父母、兄弟姊妹或教會愛你或傷害你以先，神已愛你。神愛你因為你在永恆裏就已屬祂。

在你未出生以先神已經愛你，到你死後神也必愛你。神在聖經中曾說：「我以永遠的愛愛你。」這是你身分根本的真相。不論你是否感受到，這就是你的身分。你從永遠到永遠都屬於神。人生只是給你在數年間一個小小的機會，讓你去說聲：「我也愛祢。」

如果你敢於相信在你未生以先已蒙愛，就會猛然發現你的生命是非常、非常的特別。你會意識到自己只是被差派到世上渡過一段很短的時間，或許是二十年、四十年、八十年，為要讓你發現和相信你是蒙神所愛的孩子，故此，時間的長短並不要緊。你被差到世界為要叫你相信自己是蒙神揀選的人，然後幫助你的弟兄姊妹知道他們也是蒙神所愛的兒女，而且你們是彼此相屬的。你被差到世上要作復和的人。你被差去醫治人，並拆毀你和鄰舍之間、本地之間、全國之間、甚至全球之間的圍牆。在一切基於恐懼而來的區別、分隔和圍牆出現以先，合一早已是神的心意。出於這合一，你被差到世上逗留片刻，宣稱你和其他所有人都屬於同一位有愛、從永遠活到永遠的神。

你若在這個世界上被揀選，你曉得有些人沒有被選上。當你是最優秀的時候，你知道有人不是。你贏得獎項的同時，準知道有人失敗了。但神的心腸並不是這樣的。如果神在心目中揀選了你，你也會看見其他人被選上。如果神的愛祝福你，你必會看見其他人也得著祝福。神奇妙之愛的奧祕在於：你帶著愛來到世界，無論你知道與否，它已祝福你。神擁抱全人類，你的生命也在祂的懷抱中。所以你若以信心的眼睛去看，會發現你屬於神的家，你是兒子，或女兒，你是兄弟，或姊妹，而在最深邃的屬靈路上，你們是父親或母親。你這微小的生命把所有人連在一起。

你往哪裏去？

讓我們思想耶穌在他泊山上的故事。這裏有帶領以色列人出埃及的摩西，又有曾提說出埃及事件的以利亞，他們都死去多時，現正竟與耶穌談論祂要離世的事，談論祂自己的「出埃及」。當時在世與耶穌一起的門徒

——彼得、雅各、約翰，只有聆聽。耶穌當時正談論自己的死亡。這故事就像紅海的故事，因為這是關於一個旅程、一條道路、一次離開、一個洗禮。「我需要經過洗禮，而死亡就是那路徑。」耶穌說：「如果你跟隨我，這也會是你的路徑。」

其中一個對於你我最基本的要求，就是要發現我們的生活不過是一連串的遷移或途徑。出生之時，我們離開母腹，進到這更大、更光明的家。一切都改變了，不能回頭。上學呢，我們離開家庭和家人，進到一個更大的羣體，我們的生命只會擴張。之後我們的孩子長大，為了爭取更多的空間和自由，他們離開了，我們生命的意義也就少了。一切都在改變。我們會老，或者退休，或者失業，然後所有事情又改變了。我們彷彿常常要由一個階段進到另一個階段，得著和失去一些人、一些地方、一些事。

你會走過這些路，身處的環境時常誘使你以憎恨、忿怒，和被遺棄的感受摧毀自己。

你所失去的不時提醒你，一切都不完美，且往往會事與願違；或者你曾希望事情不用那麼痛苦，但事實卻是如此；或者你對某些關係有期望，但那些期望永不會實現。生命中有無可避免的損失——你的健康、愛情、工作、希望、理想，損失使你迷惘。你整個人生都充滿損失，無止境的損失。每有損失，我們都要作出選擇。面對損失，你可以選擇一條通往忿怒、埋怨、憎恨、沮喪、怨懟的道路，你也可以選擇叫這些損失成為通往更新、更廣闊、更深邃的事情的道路。問題不是我們應怎樣避免損失，讓它不會發生，而是怎樣選擇叫損失成為道路，帶領我們離開現狀，到更美好的生命和自由中。

在他泊山上，耶穌提及自己準備要走最後一程。祂並不孤單，祂有摩西和以利亞，也有約翰、彼得和雅各。耶穌一從山上下來，就開始講論人子要如何受苦和受死。門徒說：「不，不，那必不會發生在你身上。」耶穌卻提醒他們山峯上所見的豐富生命並非故事的全部，他們也要看見祂在受苦中和十架上那被剝奪的生命。耶穌邀請他們認識祂最後的一程，也相信他們最後必能完全明白這些事奇妙的奧祕。耶穌相信這事能使他們迅速以一個全新的角度去理解生命和死亡，明白二者都不為人所控制，我們只能經歷。儘管他們只能僅僅明白一鱗半爪，耶穌仍肯定他們說：「不要害怕。」

耶穌被釘十字架後，使徒被耶穌所差來的聖靈充滿，雖然失去了耶穌，仍然捱過了，他們的生命慢慢向外和向前拓展。他們無懼地站出來，向鄰國宣揚福音，因為他們知道自己是誰，也知道自己最終到哪裏。他們發現作耶穌的門徒和使徒有嶄新的自由，使他們無懼逼迫和死亡。

他們的故事與我們的故事有甚麼相干？我們又要到哪裏去？我們短速地到訪此世以後，各人都要自這個世界進到另一個世界。我們被差到世上作神所愛的孩子，而在路途上，並損失中，我們學懂如何以夫妻、父母、手足的身分相愛。我們彼此扶持，走過生命的路途，也一起在愛中成長。最後我們被召離開，我們要離開這個世界，為要與神完全契合。我們也可以像耶穌，在離開友人時，差遣我們自己愛的靈臨到他們中間。我們的靈就是所留下的愛，是深植於神的靈中。這是我們給所愛的人最大的禮物。

我們跟耶穌一樣，在人生的旅途中，希望藉著離世叫我們的生命結出豐碩的果子。我們離世時，也要說耶穌所說的話：「我去是與你們有益的；我若不去，就不能差我的靈來幫助你們，啟發你們。」

在這範疇內，甚麼是結果子？

關係是一個奧祕。我們有可能與我們所愛、已離世的人有親密的關係。死亡有時能夠深化我們的親密關係。讓我闡述一下。你和父母正圍桌而坐，互相傾談。這也許很平常，你正在述說當天發生的事或是當日的天氣。但如果你暫時離家到了外地，在給爸媽的家書中，有時你會寫出一些在飯桌上不曾說的話。你或許會說：「媽，我真的很愛你。爸，我想著你，很掛念你，但願你能在我身邊。」這類親密的話是你們在一起時不會說的。有趣的是，短暫的缺席，或一點的距離，能讓你經驗關係中的親密，這親密是在你們相聚之時不能感受到的。

當然，相比於短暫的旅程，死亡是更徹底的離開。我深信縱然分離，但有一些人仍在我們心中和記憶中佔極重的位置。記念他們並不只是憶起他們，因為我們已當他們是一分子，是我們全人的一部分。

對這種經驗有了認識之後，我深信自己能將愛給予別人，不單是在這裏，也是當這短暫且微小的生命離去以後。在我未出生以先，已蒙神所愛的，而在我死了以後，我也繼續蒙神所愛。這短暫的生命讓我有機會接受愛、讓愛深化、在愛中成長，以及付出愛。愛在我死後仍然存活，而從與神的完全契合中，愛使我仍然活在我所遺下的人之中。

我們身處的文化是以成就和生產力來衡量個人的價值。你有怎樣的職銜？賺到多少錢？有多少個朋友？有甚麼成就？你有多忙？兒女做甚麼工作？但我們必須緊記，隨著年紀漸長，獲得成就的能力就逐漸降低。我們會失去職銜、失去朋友、失去成就、失去做事能力，因為我們開始感到自己更加軟弱、更加脆弱、更加倚賴。如果我們不斷以成就來衡量自己，就會知道自己沒有優勢！因著我們濃烈的文化氛圍，要從正面而非負面的角度去看待脆弱實在是一大挑戰。我們是否敢於視自己的軟弱為結果子的機會？屬靈生命的豐碩果實是關於愛，與成就或生產力大不相同。

當記得有趣的一點，果子通常是脆弱的結果。兩個人在親密之中、彼此顯露脆弱之時，小生命才得以成孕。當人彼此坦誠，互相同情，敞開自己的過失和軟弱時，和平與復和才臨到。種子落在翻過的土地裏才會結果。因此，現在就應開始改變思想，這才是睿智。我們想不再爭取成就，轉而渴想果子豐碩的生命。

耶穌死在十架時，祂是完全的軟弱。祂一無所有。祂的一切都被奪去，包括祂的尊嚴，而以當時的社會文化看來，祂是個失敗者。但真相卻是，耶穌在十字架上斷氣那一刻，才是祂一生中最偉大的時刻，因為在那一刻，祂的生命是歷世以來最豐碩的。耶穌看自己的生與死都是果實纍纍的。「我去是與你們有益的。我必差遣聖靈到你們那裏。」

我們的軟弱和年老在在呼喚人要圍繞我們，支持我們。只要不抗拒軟弱，並願意感激地接受別人的關心，如此我們就可招聚一羣人，讓照料我們的人有機會去付出憐憫、關懷、愛心，和服事。當我們把自己交在別人手中，其他人就因照顧我們而得祝福，生命也變得豐足。我們的軟弱叫他們的生命結出果子。

死亡是我們完完全全的軟弱。我們不用將衰老的軟弱視為連串的損失，反而要選擇將衰老視為一條道路，倒空我們的心，讓愛的靈傾注。這是完完全全的軟弱，但同時也是我們結果子的頂峯。

懼怕死亡

害怕死亡是很自然的，因為死亡是個奧祕。對死亡的懼怕駐居我心，但我希望面對死亡時不用受懼怕支配。聖經說懼怕的反面是愛。「愛裏沒有懼怕。」我相信這話，努力克服恐懼，並用上我一生的精力，好更深地愛神、愛別人及自己。事實上，大多數人都的確像耶穌一樣，選擇為別人付出生命，以致死亡。我們嘗試藉著我們的生命和死亡使別人蒙福。我們相信生命和死亡不是宿命或定數。這樣，我們便能與耶穌一同說：「我去是與你們有益的。」這樣活著，能減少我們對死亡的懼怕。

我有許多朋友死得很漂亮。他們說：「我快要死了。我有美麗的人生，也很感恩。我將自己獻給神，希望你們會記念我。」當我所愛的人這樣死去時，我才能在悲傷的同時為他慶祝，因為能夠這樣記念我的朋友實在是一份恩典的禮物。

我要補充，我深信在這裏所說的話單憑一個人是無法完成的。我們需要身邊的朋友也相信這是真理。過去數年，在我所屬的羣體中有四人離世。海倫(Helen)生病良久，但她日夜有人陪伴，去世時並不孤單。萊特(Lloyd)的死是始料不及的，但我們也有數天陪伴他。他去世時，我們很悲傷，很痛苦，但痛苦中摻雜得著彼此陪伴的力量。當這親愛的弟兄呼喚我們陪伴他時，我們提醒他：「我們與你一起。不要怕。神正呼召你回家，但日後你必常常是我們生命中的一部分。」

因此，我們並不能獨自面對死亡的恐懼。我們需要其他人陪伴，在我們耳邊輕輕說：

「不要害怕死亡，因為儘管你死去，你也必以更深邃的方式與我們同在。」

學習記念死者

耶穌在未死以先向祂的門徒說：「要留在一處，禱告並等候聖靈來臨。」當時他們並不真箇明白耶穌的話，除此以外，他們更因祂的死而陷在深深的悲哀之中。他們需要問究竟發生了甚麼事，誰又要為這事負責。他們需要時間哭泣，重溫過去的事情，懷念他們的朋友和領袖——耶穌。他們需要感受耶穌的缺席，拼命地渴想耶穌能活過來。惟有過了一段時間，他們終於能說：「是的，祂真的走了。」——這時候，他們才能以另一個方式得著祂的臨在。

同樣，面對所愛的人離世，我們也會如此。這是給所有基督徒的呼召，放手讓死者離去，不單埋葬他們，而且讓他們肉身的同在自我們的經驗中死去，讓他們在我們**裏面**

死去。哀傷的旅程可能要花上許多年！我們期盼能見到她，尋找她。我們希望他回來。我們從她的死去尋找意義。一整年又過去，聖誕到來，他仍然不在。復活節到來，我們曉得她再也不在了。他的生日，我們的結婚週年，還有一年之中其他各樣的重要日子到來之際，我們又重新感受那難以相信的缺席。

我們慢慢接受她不是去了另一趟旅程或渡假。我們聽見或讀到一些事很想與他分享，卻猛然醒覺他不會再回來。她永遠地走了，常常的，完全的離開了。過了一段時間，我們開始感到哀傷告一段落，但不能預計的事情再次提醒我們所失去的，忽然間，我們又重新掉進哀傷之中。這是因為我們所愛的人仍在我們**裏面**，成為我們靈魂的一部分，是我們內在生命的一部分，所以放手是極大的痛苦。這正是為何我們要花如此長時間才能容讓所愛的人完全死去。

慢慢地，這些事情一件一件過去，我們開始知道並接受這段關係──正如我們早已曉得——已不復返。而當我們容許死者離開我們的生命時，生命將慢慢呈現另一些面貌，在我們裏面和記憶之中萌生新的生命。我們仍然會記掛他們，但不知怎地，我們會揀選另一種生活，就是他們的肉身不再與我們同在的生活，於是我們重新振作起來，有新的眼界、新的能力，和新的力量。

母親於一九七八年過身，我在父親身上目睹了這種改變。他因為失去她而悲傷不已。他們曾是同伴，一起活了許多、許多個年頭。她的死亡把父親的一切都改變了，他不由得要適應沒有她同在的生活，於他是全新的事。但隨著時間過去，他終於開始了一些新生活，他還會記念她，但他並沒有錯誤地緊抓著對她的回憶。父親終能承認，他跟母親確實有過一段美好的日子，一個美滿的家庭，但他需要放手讓她離開。他這樣放手的時候，裏頭彷彿有新的歡欣、新的自由和新的成熟。

我也認識一些人不能放下悲傷。他們覺得守寡的或是喪妻的若找尋新生活，就會感到不忠和罪疚。這是錯誤的忠誠。死，不管是我們的死，或是所愛之人的死，並不是我們的大敵。耶穌前來指示我們生命和死亡，耶穌並不視祂的死為失敗，卻以祂的死為差遣聖靈的機會。如果我們注目耶穌身上，仔細閱讀福音，就會看見在所愛之人離世後，有新的生命賜下。當然，這並非說死亡甚是美好，毫無悲哀和疼痛。死亡本身並不美，而且可怖。但我們如何看待自己和我們所認識之人的死亡，以及對他們的愛卻是可以轉變的。轉變需時，卻仍是可能的。

我的母親過身，我的許多同學過身，近年甚至有不少密友過身。我念記他們每一個人，並不是鬱鬱地想念，乃是念記到他們終於返抵了真正的家。如今，我仍在回家路上。那些已死的人在我裏面活著，以他們在世時的典範和愛中豐富的遺產啟迪我。他們的生命感動我。他們的生命使我的生命有所不同。可惜，沒有很多人能認同所愛之人的死亡的屬靈意義，因為，我們的文化要我們面對哀傷時扮作若無其事。

愛能把我們或別人的死亡由惡夢轉化為恩賜。身為家庭或是羣體的一分子，我們需要把成員的死亡也納入我們的一部分，為要得著他們的精神所留下來的禮物。我們透過敬拜和祈禱、對話、相片、掃墓去念記我們所愛的、已經離世的人。生活依舊，但每逢記念他們，都豐富我們的心靈。

與死亡做朋友

我直覺地覺得，一個人若在年青時去世，大概二十至三十來歲吧，我們很難明白他們是何等地獨特，以及他們短暫的生命又是何等地豐富，因為他們在世的日子實在是太短促了。從被愛滋病折磨的朋友身上，我目睹他們忽然被迫要面對死亡徹底終極的奧祕。他們很容易陷入悲哀和忿怒之中。我為他們有著很深的感受，也很悲哀，因為他們不能理解或欣賞自己豐碩的果實。我明白，要這些年青的兄弟姊妹與死亡為友，是一大挑戰。

因為我活了很多年，對我而言，放在我面前的選擇是預備死亡。我知道我不能選擇能活多久，但我可以決定自己**如何**生活，又可以選擇如何面對衰老，以及如何渡過我的離世。我也許會臥牀不起，完全超乎我的控制，但我有能力去選擇怎樣渡過我餘下日漸衰老的日子。

經過數年前的意外，經歷過死亡後帶來的平安，對那些探望我的人，我感到自己可以無拘無束地歡迎他們，並願意花時間與他們相聚。其中一樣叫我最為驚訝的是在探訪我的人當中，有不少人向我說：「亨利，你病倒時倒比健康時是一個更好的牧者！你終於願意花時間聆聽。你不再被其他事情充塞著腦袋。你不再瘋狂，要把事情一件一件趕快完成，你比以前輕鬆、愉快得多！你現在所說的話很有幫助。我們確實享受這些探訪！」

我今年六十三歲，非常意識到死亡對我而言只不過幾多年的問題。因此，我意識到我的衰老正是時候讓我思想通往更豐盛生命的道路。我盼望能為即將要完結的生命感恩，也因預期能把自己愛的精神給所珍愛的人而感恩。我覺得有需要談論死亡，但並非沉鬱地，而是公開地談論死亡，並邀請我的羣體、家人、和朋友與我一起走這路，直到我在世的生命結束。我想與自己的死亡做朋友。

結語

神是靈，又是一切愛的源頭。屬靈的旅程呼喚我們透過祈禱、敬拜、屬靈閱讀、屬靈教導，透過關愛服事窮人，透過好朋友，尋找這位充滿愛的永活神。讓我們握緊「我們是蒙神所愛的」這真理，敞開心靈，接受神向我們傾注湧流不息的愛。我們每天都要過得充實，就可以在一切奇妙和困難的關係、責任和人生路上，彼此分享這大愛。

死亡的種子正在我們裏面作工，但愛比死更強。你和我的死亡是我們最終要走的一段途徑，讓我們離開，得以完全實現我們是蒙神所愛的兒女的身分，與充滿了愛的神完全契合。耶穌走在我們前頭，邀請我們在世時選擇相同的路。祂呼召我們：「跟從我。」祂向我們保證：「不要害怕。」這就是我們的信仰。

作者簡介

盧雲(Henri J.M. Nouwen)

原籍荷蘭，著名靈修及牧養神學作家，曾於美國聖母院大學、耶魯大學及哈佛大學之神學院任教多年。一九八五年離開哈佛大學，在法國特魯斯里的「方舟團體」(L'Arche Community)生活，等候及尋索未來的「召命」。終於受「方舟團體」在加拿大多倫多市以北的「黎明之家」(Daybreak) 邀請，自一九八六年起為其牧者，服事家中的弱智人士及職員，直至一九九六年九月安息主懷止。其作品包括《羅馬城的小丑戲》、《心應心》、《始於寧謐處》、《念》、《親愛主，牽我手》、《奉耶穌的名》、《與祢同行》、《鏡外》、《新造的人》、《生命中的耶穌》、《愛中契合》、《黎明路上》、《建立生命的職事》、《負傷的治療者》、《亞當》、《活出有愛的生命》、《盧雲眼中的梅頓》、《和平路上》及《安息日誌》等。

盧▪雲▪著▪作▪一▪覽▪表

Intimacy : Essays in Pastoral Psychology (1969)
《愛中契合》香港：基道，一九九四。

Creative Ministry (1971)
《建立生命的職事》香港：基道，一九九六。

With Open Hands (1972)
《親愛主，牽我手》香港：基道，一九九一。

Thomas Merton : Contemplative Critic (1972)
《盧雲眼中的梅頓》香港：基道，一九九九。

The Wounded Healer (1972)
《負傷的治療者》香港：基道，一九九八。

Aging : The Fulfillment of Life
(With Walter Gaffney, 1974)
《生命的頂尖》香港：文藝，一九八〇。

Out of Solitude (1974)
《始於寧謐處》香港：基道，一九九一。

Reaching Out (1975)
《從幻想到祈禱》香港：公教，一九八七。

Genesee Diary (1976)

The Living Reminder (1977)

Clowning in Rome (1979)
《羅馬城的小丑戲》香港：基道，一九九〇。

In Memoriam (1980)
《別了，母親》香港：基道，一九九一。
《念》（重譯本）香港：基道，二〇〇〇。

The Way of the Heart (1981)

Making All Things New (1981)
《新造的人》香港：基道，一九九二。

A Cry for Mercy (1981)
《頌主慈恩》香港：公教，一九八五。

Compassion (With D. McNeil and D. Morrison, 1982)

A Letter of Consolation (1982)
《慰父書》台灣：光啟出版社。

Gracias! A Latin American Journal (1983)

Love in a Fearful Land (1985)

In the House of the Lord/Lifesigns (1986)

Behold the Beauty of the Lord (1987)

Letters to Marc about Jesus (1988)
《生命中的耶穌》香港：基道，一九九三。

The Road to Daybreak : A Spiritual Journey (1989)
《黎明路上》香港：基道，一九九五。

Heart Speaks to Heart (1989)
《心應心》香港：基道，一九九一。

Beyond the Mirror (1990)
《鏡外》香港：基道，一九九二。

In the Name of Jesus (1990)
《奉耶穌的名》香港：基道，一九九二。

Walk with Jesus (1990)
《與祢同行》香港：基道，一九九二。

The Return of the Prodigal Son (1992)
《浪子回頭》台灣：校園，一九九七。

Life of the Beloved (1992)
《活出有愛的生命》香港：基道，一九九九。

Show Me the Way (1992)

Jesus and Mary : Finding Our Sacred Center (1993)

Our Greatest Gift : A Meditation on Dying and Caring (1994)

Here and Now : Living in the Spirit (1994)
《念茲在茲》台灣：光啟，二〇〇〇。

With Burning Hearts : A Meditation on Eucharistic Life (1994)
《熾熱的心》台灣：光啟，二〇〇一。

The Path of Freedom (1995)

The Path of Power (1995)

The Path of Waiting (1995)

The Path of Peace (1995)

Can You Drink the Cup (1996)
《你能飲這杯嗎？》台灣：上智，一九九九。

The Inner Voice of Love : A Journey through Anguish to Freedom (1996)
《心靈愛語》香港：卓越，一九九七。

Bread for the Journey: A Daybook of Wisdom and Faith (1997)
《心靈麵包》台灣：校園，一九九九。

Adam : God's Beloved (1997)
《亞當 — 神的愛子》香港：基道，一九九九。

The Road to Peace (1998)
《和平路上》香港：基道，二〇〇二。

Sabbatical Journey : The Final Year (1997)
《安息日誌 — 秋之旅》香港：基道，二〇〇二。
《安息日誌 — 冬之旅》香港：基道，二〇〇三。
《安息日誌 — 春夏之旅》香港：基道，二〇〇三。

Finding My Way Home (2001)
《尋找回家路》香港：基道，二〇〇四。

靈修著作精選

重整靈性生命，陶冶完善人格。

•盧雲系列•

羅馬城的小丑戲——對獨處、獨身、禱告及默觀之反省
盧雲著／袁達志譯　1990年12月初版　正32開128頁

心應心——真摯傾情的禱告
盧雲著／鄧紹光譯　1991年3月初版　正32開72頁

始於寧謐處——默想基督徒生命
盧雲著／洪麗婷譯　1991年6月初版　正32開96頁

親愛主，牽我手——認識禱告真義
盧雲著／徐麗娟譯　1991年10月初版　正32開120頁

奉耶穌的名——屬靈領導新紀元
盧雲著／李露明譯　1992年2月初版　正32開88頁

與祢同行——默想十架苦路
盧雲著／張小鳴譯　1992年4月初版　正32開128頁

鏡外——生死之間的省思
盧雲著／羅燕明譯　1992年5月初版　正32開72頁

新造的人——屬靈人的印記
盧雲著／莊柔玉譯　1992年8月初版　正32開88頁

生命中的耶穌——給年輕人的信
盧雲著／堵建偉譯　1993年3月初版　正32開152頁

愛中契合
盧雲著／霍玉蓮譯　1994年7月初版　正32開208頁

黎明路上——靈修日誌
盧雲著／羅燕明譯　1995年5月初版　正32開328頁

建立生命的職事
盧雲著／吳秋媚，黃偉明譯　1996年11月初版　正32開160頁

負傷的治療者——當代牧養事工的省思
盧雲著／張小鳴譯　1998年6月初版　正32開120頁

亞當——神的愛子
盧雲著／陳永財譯　1999年7月初版　正32開144頁

活出有愛的生命
盧雲著／新加坡基督教長老會真理堂譯　1999年10月初版　正32開112頁

盧雲眼中的梅頓
盧雲著／李興邦譯　1999年12月初版　正32開176頁

念——別了母親後
盧雲著／莊柔玉譯　2000年5月重譯版　正32開104頁

和平路上
盧雲著／陳永財譯　2002年6月初版　正32開368頁

•蔡貴恆系列•

歸回安息
蔡貴恆著　1995年11月初版　大32開152頁

重遇基督（默想導引）
蔡貴恆著　1997年7月初版　大32開216頁

•操練系列•

經歷神——退修默想導引
王志學著　1993年2月初版　正16開216頁

奇異恩典在中年
王志學著　1996年11月初版　正16開240頁

主啊，請說——默想的探討與操練
荷桂特著／尹潤芳譯　1994年10月初版　正16開內文208頁彩頁12頁

聖地靈旅（一）——耶路撒冷
雷建華著　1996年9月初版　大32開內文96頁彩頁24頁

記憶治療——心靈治療的禱告
丹尼斯・林、馬修・林著／方林偉譯　1998年5月初版　大32開120頁

•禱告良朋•

聖法蘭西斯

司徒柏格、博赫爾編／湛清譯　1991年10月初版　大48開160頁

茱莉安

杜嘉編／湛清譯　1993年4月初版　大48開168頁

•其他•

憑著愛

德蘭修女著／王麗萍譯　1990年12月初版　大32開88頁

活著就是愛

德蘭修女著／王麗萍譯　1992年2月初版　大32開80頁

禱告真諦——尋找心靈真正歸宿

傅士德著／周天和譯　1993年7月初版　大32開368頁

靈程答客問

蔡貴恆、黎汝佳、葉萬壽著　1998年12月初版　大32開120頁

真禱告

李卓著／羅燕明譯　2001年4月初版　大32開272頁

緊扣時代 服事教會

以文字傳揚基督真道

讀者意見表

衷心多謝你購買本社書籍。本社一直致力以出版事工服事教會，幫助信徒扎根於神的話語，促進靈命增長。為使我們的出版更能滿足你的需要，請填寫下列各項資料，並寄回或傳真予本社。

所購書籍：________________

本書最吸引你的地方：

□作者　□適切性　□文筆　□設計　□實用性

□其他：________________

購買本書地點：

□基道書樓　□基督教書店　□非基督教書店

性別：□男　□女　職業：________________

信仰：□基督徒　□非基督徒

年齡：□ 16 歲或以下　□ 17～25 歲　□ 26～35 歲

□ 36～55 歲　□ 56 歲或以上

學歷：□中三或以下　□中五　□預科

□大學　□研究院

□我欲更多了解基道出版社的事工及考慮支持，請寄給我下列資料：

□機構簡介　□新書資料　□基道會員通訊

□《基道文字事工通訊》

姓名：________________ 電話：________________

地址：________________

____

傳真：________________ 電子郵件：________________

其他意見：________________

____

多謝賜教！

意見表可以傳真（2687-0281）或直接郵寄以下地址：

香港沙田火炭坳背灣街26號富騰工業中心1011室

基道出版社編輯部收